SA VIE PUBLIQUE

DEPUIS SA RÉCONCILIATION AVEC LOUIS XV JUSQU'À LA FIN DU RÈGNE

D'APRÈS DES DOCUMENTS INÉDITS

THÈSE

PRÉSENTÉE A LA FACULTÉ DES LETTRES DE PARIS

PAR

L'ABBÉ A. BOZON

ANCIEN ÉLÈVE DE L'ÉCOLE DES CARMES

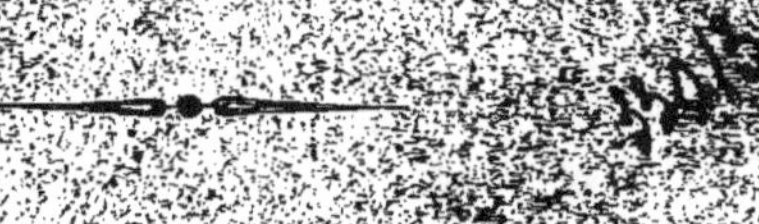

PARIS

E. PLON ET Cⁱᵉ, IMPRIMEURS-ÉDITEURS
RUE GARANCIÈRE, 10

1878

LE

CARDINAL DE RETZ

A ROME

PARIS. TYPOGRAPHIE DE E. PLON ET Cie, 8, RUE GARANCIÈRE.

LE
CARDINAL DE RETZ

A ROME

OU

SA VIE PUBLIQUE

DEPUIS SA RÉCONCILIATION AVEC LOUIS XIV JUSQU'A LA FIN DE SA VIE

D'APRÈS DES DOCUMENTS INÉDITS

THÈSE

PRÉSENTÉE A LA FACULTÉ DES LETTRES DE PARIS

PAR

L'ABBÉ A. BOZON

ANCIEN ÉLÈVE DE L'ÉCOLE DES CARMES

PARIS

F. PLON ET Cⁱᵉ, IMPRIMEURS-ÉDITEURS

RUE GARANCIÈRE, 10

1878

A SA GRANDEUR

MONSEIGNEUR MAGNIN

ÉVÊQUE D'ANNECY

HOMMAGE

DE RESPECTUEUX DÉVOUEMENT

A. B.

AVANT-PROPOS

Le cardinal de Retz a été, dans notre siècle, l'objet de nombreux et importants travaux; mais les ténèbres épaisses qui ont enveloppé si longtemps la dernière partie de sa vie ne sont pas encore entièrement dissipées. M. Sainte-Beuve et M. de Chantelauze ont éclairci divers points obscurs de cette existence remplie de tant d'aventures. M. Gazier, dans sa belle thèse sur les *Dernières Années du cardinal,* a mis en lumière la plupart des autres, et signalé à notre attention ceux qu'il n'est pas parvenu à éclaircir. A l'aide de documents presque tous inédits, il a pu suivre le prélat dans ses voyages et ses excursions quasi nocturnes à travers l'Italie, l'Allemagne, la Hollande, l'Angleterre. Il nous a également fait connaître les occupations de l'ancien frondeur dans sa retraite de Commercy, la façon dont il y passait son temps, et les sentiments dans lesquels il est mort.

Mais il restait à faire connaître la part que Retz a prise aux affaires publiques dans cette période de sa vie. Rentré en France, il ne fut pas relégué en Lorraine, dans une sorte de disgrâce, jusqu'à sa mort, comme on l'a prétendu sans aucun fondement. La politique avait été la grande passion de sa vie, et elle l'avait jeté dans les plus étranges aventures. Il lui eût probablement été difficile d'y renoncer entièrement. Son génie, d'ailleurs, mûri par l'expérience et le malheur, était dans toute sa vigueur. Sa prodigieuse capacité n'était ignorée de personne, et Louis XIV savait trop bien se servir des hommes qu'il rencontrait autour de lui, pour laisser de côté le cardinal. En se réconciliant avec lui, il le rétablit tout à fait dans ses bonnes grâces, et ne tarda pas à l'honorer de sa plus haute confiance. De son côté, le cardinal s'attacha sincèrement à son souverain ; il se mit, sans arrière-pensée, au service de sa politique, et fut, à diverses reprises, investi des missions les plus importantes.

Le séjour qu'il avait fait, en 1655, auprès du saint-siége, et la réputation qu'il s'était acquise dans le sacré collége, le rendaient tout particulièrement apte à représenter la France à Rome. Personne n'était mieux en état que lui d'y soutenir les intérêts du roi. Aussi, il y fut envoyé quatre fois, pour conduire des négociations délicates, et obtint tout le succès que l'on pouvait espérer. Il fut chargé, en 1665, d'aller demander audience à Alexandre VII, pour régler le différend du Parlement et de la Sorbonne avec le saint-siége. Plus tard, de 1667 à 1676, il assista à trois conclaves, où, par son habileté, son insinuation et son ascendant, il fit triompher chaque fois l'élection d'un des candidats désignés par Louis XIV. Nous verrons également, à l'occasion de la mort du roi d'Espagne et de l'investiture du royaume de Naples, que les questions les plus épineuses de la politique ne lui étaient pas étrangères, et qu'il n'avait pas moins de dextérité à les traiter qu'à trancher les controverses théologiques ou à manier les esprits dans un conclave.

Les missions qui furent confiées au cardinal firent de lui le médiateur naturel entre le saint-siége et Louis XIV. Il s'appliqua à les rapprocher l'un de l'autre, et se consacra à un rôle de conciliation qui ne fut pas moins utile à l'Église qu'au service et aux véritables intérêts du roi. On sait, en effet, que la France, si chrétienne au dix-septième siècle, ne cessa cependant d'être agitée par les divisions et les querelles religieuses; elle fut même quelquefois sur le point de tomber dans le schisme. Retz parvint à peu près à la mettre d'accord avec Rome. Pendant plus de quinze années, on n'entendit de ce côté aucune plainte contre le Parlement ni contre la Sorbonne, et pendant près de dix, Port-Royal put se livrer à ses travaux de science et de philosophie, sans être inquiété par l'Église ni par l'État. C'était la paix à peu près complète, et l'on en était redevable à l'ancien frondeur. Il n'eut pas seulement l'adresse de la ménager et de la conclure, malgré les obstacles et les difficultés qu'elle rencontrait; il sut encore, par sa prudence et son autorité, la maintenir jusqu'à sa mort. Tel fut le noble emploi auquel il consacra les dernières années de sa vie, réparant, autant qu'il était en lui, les torts qu'il avait eus dans sa jeunesse, et les malheurs qu'il avait attirés sur la France pendant la guerre civile.

Aussi, on ne saurait lui refuser sans rnjustice une place parmi les hommes qui contribuèrent, par leur capacité et leur dévouement, à la gloire du règne de Louis XIV. Cette place est moins belle et moins éclatante qu'elle aurait pu l'être. Paul de Gondi ne fut ni premier ministre ni négociateur dans aucun des traités de paix qui modifièrent plusieurs fois la carte de l'Europe. Les grandes occasions de se signaler et de déployer toutes ses facultés lui ont manqué, et, comme il l'a dit lui-même de Condé, dans ses *Mémoires,* il n'a pu remplir tout son mérite. Son génie reste supérieur à ce qu'il a fait.

Mais, réduit aux proportions que nous venons d'indiquer, le rôle qu'il a joué dans les dernières années de sa vie doit compenser en partie les fautes qui pèsent sur sa mémoire. L'ancien chef de la fronde a droit à un jugement équitable, où le bien et le mal trouvent également place. Mais jusqu'ici les services qu'il a rendus à la France et à l'Église n'ont point été appréciés; ils ont même été presque entièrement ignorés, faute des documents nécessaires pour les faire connaître. Ces documents étaient ensevelis dans les archives du ministère des affaires étrangères, où l'on ne songeait guère à les aller chercher. C'est là que nous les avons recueillis. Nous avons pu consulter à loisir la correspondance de Rome, compulser et transcrire toutes les pièces dont nous avions besoin. Les lettres et les billets inédits de Retz qui ont trouvé place dans notre travail sont tous signés et quelquefois même écrits de la main du cardinal. Les autres documents sont d'une égale authenticité. Enfin, nous avons mis un soin scrupuleux à n'employer que des témoignages sérieux et puisés aux sources les plus certaines.

Qu'on nous permette, en finissant, d'adresser nos plus vifs sentiments de gratitude et de reconnaissance à M. le duc de Broglie, qui, il y a quatre ans, lorsqu'il était vice-président du conseil des ministres, nous a ouvert avec la plus gracieuse obligeance les archives des affaires étrangères. Nous remercions également M. Faugère, directeur de ce *service,* et M. de Ribier, *rédacteur,* de l'empressement avec lequel ils ont mis à notre disposition les volumes que nous désirions consulter, et nous ont fourni tous les renseignements et les indications qui nous étaient nécessaires. Nos importunités ne les ont jamais fatigués, et nous avons toujours rencontré chez eux l'amabilité et la bienveillance les plus parfaites.

LE

CARDINAL DE RETZ

A ROME

PREMIÈRE PARTIE

LE CARDINAL DE RETZ ET ALEXANDRE VII.

1665-1666.

CHAPITRE PREMIER

Réconciliation du cardinal de Retz avec Louis XIV. — Mission de
confiance à Rome. — Accommodement du différend du Parlement et de
la Sorbonne avec le saint-siége.

Louis XIV, à sa majorité, oublia les cabales et les
intrigues qui, pendant sa minorité, avaient agité le
royaume et mis le trône en péril. Il pardonna généreu-
sement aux princes et aux grands seigneurs qui, sous la
Fronde, s'étaient mis à la tête des rebelles. Il permit
aux exilés et à ceux qui s'étaient réfugiés à l'étranger de
rentrer, et rétablit dans leurs charges la plupart de ceux
qui les avaient perdues. Le cardinal de Retz fut le der-

nier à se réconcilier, et il ne revint en France qu'après
tous les autres. Pendant près de dix années, des négociations pour son accommodement furent abandonnées et
reprises sans aucun succès. Il y avait entre le roi et lui
la haine implacable de Mazarin ; et ce ne fut qu'après la
mort du ministre que Retz, fatigué de sa vie errante et
de la longueur de son exil, termina les nouvelles négociations entreprises, en remettant entre les mains de
Louis XIV sa démission pure et simple de l'archevêché
de Paris. Mais comme cette démission déjà donnée une
fois avait été retirée, il fut convenu que l'ancien frondeur, avant de se présenter au roi, attendrait à Commercy
l'installation définitive de son successeur. Ce voyage, si
ardemment désiré, fut retardé de deux ans par la mort
de Mgr de Marca, nommé en premier lieu au siége de
Paris, et par la fameuse affaire du duc de Créqui ; enfin,
au mois de juin de l'année 1664, Paul de Gondi parut
pour la première fois depuis son exil à la cour. Il vint à
Fontainebleau, où Louis XIV lui fit le plus bienveillant
accueil, malgré les assertions des écrivains intéressés qui
ont soutenu le contraire [1] ; et, dès cette entrevue, la

[1] Guy Joli, qui a écrit ses Mémoires pour dénigrer son maître, prétend
que l'accueil fait par Louis XIV fut glacial, l'entretien fort court, et que
le cardinal, qui s'était flatté d'éblouir le jeune roi, fut complétement
déçu. Mais un autre contemporain, bien informé, nous apprend que
l'ancien frondeur « fut reçu par le roi, la reine et la reine mère, avec
toutes les marques d'estime et de bienveillance qu'il pouvait désirer »
(*Vie de Rancé*, par M. MAUPEOU, t. Ier, p. 69), et la *Gazette de France*,
journal officiel de ce temps, rend compte en ces termes de cette entrevue
de 1664 : « Le 6 de ce mois, le cardinal de Retz vint saluer Leurs
Majestés, dont il fut très-favorablement accueilli, et ayant été félicité de
toute la cour, il est allé à Paris. » (*Gazette de France,* 14 juin 1664.)
D'ailleurs, Retz dit lui-même, à la fin de ses Mémoires, que la reine

réconciliation entre le roi, la reine mère et le cardinal fut complète et définitive. Le passé de Paul de Gondi fut entièrement oublié ; tous les préjugés tombèrent, et Sa Majesté reconnut bien vite que si l'ancien frondeur avait fait la guerre à Mazarin, il n'avait jamais été l'ennemi de son roi. Il avait été un révolté, et non pas un révolutionnaire.

Aussi Louis XIV, satisfait de cette première entrevue, se disposa à mettre à profit les talents diplomatiques de Retz. Un article du traité d'accommodement conclu avec lui portait qu'il irait à Rome servir la politique du roi autant de fois qu'il plairait à Sa Majesté de l'y envoyer. Justement il y avait à ce moment une question délicate qui était pendante. C'était le différend survenu entre le Parlement, la Sorbonne et le saint-siége. Cette importante affaire ne pouvait être confiée à des mains plus habiles que celles du cardinal de Retz. Il n'y avait pas un prélat ni un diplomate en France qui connût Rome mieux que lui. Il était l'ami des cardinaux les plus influents. Alexandre VII avait de l'inclination pour lui. En un mot, il était le seul qui fût capable de mettre d'accord le pape et la Faculté de théologie de Paris. Il s'imposait en quelque sorte au choix de Sa Majesté Très-Chrétienne.

mère, après son retour de l'exil, le pressa un jour extrêmement à Fontainebleau de lui raconter comment il s'y prenait, pendant sa détention au bois de Vincennes, pour avoir une correspondance régulière dans Paris, mais qu'il s'y refusa absolument pour ne pas trahir des amis vivants. Une pareille conversation est la preuve manifeste que l'on ne conservait plus à la cour la moindre rancune contre l'ancien frondeur ; or il faut nécessairement la rapporter à ce premier voyage ; car ce fut la seule fois que Retz put voir, depuis son exil, la reine mère à Fontainebleau, puisqu'elle mourut dix mois plus tard, pendant qu'il était à Rome.

1.

Dès l'automne de 1664, le bruit courait à la cour qu'il allait être envoyé à Rome pour inaugurer ces missions diplomatiques qui furent la gloire des quinze dernières années de sa vie.

Le différend qui divisait à ce point la France et le saint-siége avait eu pour cause la publication de deux ouvrages de controverses théologiques. Un de ces ouvrages, composé en 1658, était une *Défense de notre saint-père le Pape, de nos seigneurs les cardinaux, les archevêques et évêques, etc., contre les erreurs de ce temps,* et il avait pour auteur un carme breton, nommé Bonaventure Hideric, et en religion Bonaventure de Sainte-Anne [1]. Sous prétexte de défendre la hiérarchie de l'Église, l'habile religieux avait coulé dans son livre des propositions contraires aux doctrines gallicanes, touchant l'autorité du pape et des conciles. Quelques années après, en 1664, un célèbre jésuite, le père Mathieu Moya, ancien professeur de théologie à Murcie, à Alcala, à Madrid, et confesseur de la reine douairière d'Espagne, publia à Lyon, sous le pseudonyme de Guimenius, une nouvelle apologie des casuistes, où, à la morale relâchée, se trouvaient mêlées la plupart des propositions dogmatiques avancées par le moine breton [2].

La Sorbonne irritée soumit successivement les deux ouvrages à un sévère examen, et en fit un extrait de plus de cent propositions qu'elle condamna, accusant l'auteur de la *Défense* de renverser la hiérarchie de

---

[1] *Histoire ecclésiastique,* par Élie DUPIN, t. III, p. 233 et suiv. *Mémoires du père Rapin,* t. III, p. 341. BOSSUET, *Declaratio cleri gallicani,* vol. XXI, p. 753 et suiv. Édition Vivès.

[2] *Mémoires du père Rapin,* t. III, p. 325 et suiv.

l'Église établie par Dieu même [1], et comparant l'auteur de l'*Apologie* aux esprits de ténèbres, d'erreur et de mensonge qui, selon la parole de l'Apôtre, doivent prévaloir à la fin des temps [2]. La Compagnie de Jésus se sentit touchée à la prunelle de l'œil par ces deux censures ; elle les dénonça l'une et l'autre au pape Alexandre VII. Le pape, alarmé, adressa immédiatement au roi de France, son très-cher fils en Jésus-Christ, un bref qu'il terminait en disant que Sa Majesté, « si elle ne faisait révoquer ces censures, émousserait elle-même le tranchant du glaive avec lequel elle travaillait à extirper l'hérésie du jansénisme [3] ». Dans des instructions jointes au bref, le même pontife donnait ordre à son nonce à Paris de demander audience au roi, et de lui faire connaître les intentions et les vœux du saint-siége [4]. Il insistait, de son côté, à Rome, auprès de M. l'abbé de Bourlemont, auditeur de rote, qui, depuis le départ du duc de Créqui, était chargé des affaires de France. Il le pressait vivement d'agir auprès du roi son maître, pour le déterminer à faire révoquer les censures de la Sorbonne [5]. Mais Louis XIV était résolu à les maintenir ; elles étaient de tout point conformes à la déclaration [6]

[1] Bossuet, *Declaratio cleri gallicani*, etc., vol. XXI, p. 754 et suiv.

[2] Bibliothèque nationale, D 4,308. *Amadæi Guimenii* (*vel potius Mathæi de Moya*), *Societatis Jesu, opusculum singularia universæ fere theologiæ moralis complectens.*

[3] Archives des Affaires étrangères, bref du pape au roi de France, 18 février 1665.

[4] *Mémoires du père Rapin,* t. III, p. 292.

[5] Archives des Affaires étrangères, lettre de M. l'abbé de Bourlemont à M. de Lionne, 9 juin 1665.

[6] Pour l'histoire de la déclaration des six articles faite en 1663, voyez les *Mémoires du père Rapin,* t. III, p. 205 et suiv.

qu'il avait lui-même fait rédiger par la Faculté de théologie de Paris, et il demeura inflexible à toutes les remontrances. Cependant, pour donner un semblant de satisfaction au nonce apostolique, il soumit ces censures à l'examen d'une commission de docteurs qui les trouvèrent parfaitement orthodoxes [1]. Le rapport fut notifié au nonce, et en réponse au bref qui lui avait été envoyé par le pape, Sa Majesté Très-Chrétienne lui adressa une lettre, où elle déclarait, avec toutes sortes de protestations de respect et de piété, qu'il était impossible de revenir sur les décisions prises en Sorbonne [2]. Mais comme Louis XIV n'ignorait pas que le saint-siége, en pareille matière, ne s'en tiendrait pas à une fin de non-recevoir, il envoya le cardinal de Retz demander audience à Alexandre VII, pour régler à l'amiable cette difficile question [3].

Le cardinal de Retz quitta Commercy vers la fin du mois d'avril, et avant son départ, il écrivit une lettre de compliments à M. de Lionne, qui nous montre qu'à cette date il était complétement réconcilié avec le ministre de Louis XIV [4]. Pour faire le voyage plus rapidement, il prit

---

[1] Archives des Affaires étrangères, note écrite de la main de M. de Lionne, 28 mai 1665.

[2] *Ibid.,* lettre du roi au pape, 29 mai 1665.

[3] Pour les documents inédits cités dans cet abrégé historique du différend entre le saint-siége, la Sorbonne et le Parlement, voyez à l'Appendice, n° I.

[4] Voici la lettre adressée par Retz à M. de Lionne :

« Commercy, 23 avril 1665.

« Monsieur, je ne saurais commencer mon voyage sans vous assurer de la continuation de mes services et vous supplier de croire qu'une des plus sensibles satisfactions que je trouve par avance est

là route de la Suisse, des montagnes de l'Italie, et vers le milieu du mois de juin il était à Rome [1]. Dès son arrivée, il fit demander audience au pape, et à sa grande surprise, elle lui fut accordée pour le lendemain. C'était un témoignage de bienveillance, mais un témoignage qui mettait le cardinal dans un grand embarras ; car il était arrivé à Rome incognito et descendu chez M. l'abbé Bouvier, l'un de ses correspondants. Il n'avait pas encore d'hôtel, ni d'équipages et de livrées. Une dépêche nous apprend que, pour se rendre à l'audience, il se servit d'un ancien carrosse du duc de Créqui et des valets de pied de M. l'abbé de Bourlemont [2]. Il fut parfaitement accueilli par Alexandre VII. Le pape évita de lui parler de son exil, de sa fuite en Allemagne, en Hollande, en Angleterre. Au sujet de Louis XIV, il se contenta de dire qu'il avait toujours eu un sincère désir de vivre en bonne intelligence avec lui [3]. L'entrevue ne fut, d'ailleurs, qu'une en-

l'espérance que j'ai qu'il me donnera plus de lieu que je n'en ai eu par le passé de vous témoigner l'estime toute particulière que je fais de votre amitié, qui me sera assurément toute ma vie très-sensible et très-chère. Soyez persuadé, je vous conjure, que je ne manquerai jamais de répondre aux marques si obligeantes qu'il vous plaît de m'en donner, par une sincérité très-parfaite, pour tout ce qui vous regarde. Je fais état de partir sans aucun délai à la fin de la semaine prochaine ; mais je vous supplie de croire que je serai partout également et de tout mon cœur,

« Votre très-affectionné serviteur,

« Le cardinal DE RETZ. »

[1] Voyez l'Appendice, n° II.

[2] Archives des Affaires étrangères, lettre de M. l'abbé de Bourlemont à M. de Lionne, 16 juin 1665.

[3] *Ibid.*, lettre du cardinal de Retz à M. de Lionne, 16 juin 1665 : « Je vis hier matin le pape, qui me reçut avec beaucoup de bonté et ne me parla que, fort en général, des choses passées et de la passion qu'il avait toujours eue, de bien vivre avec le roi. »

trevue de cérémonie. Le jour suivant, on annonça à Retz qu'il venait d'être nommé membre de trois congrégations : de la congrégation des Évêques et des Réguliers, de la congrégation des Immunités ecclésiastiques, et de celle de la Signature des grâces[1]. Il en fut on ne peut plus satisfait. Son séjour à Rome s'annonçait sous les plus heureux auspices, et il put croire un instant qu'il allait être tout à fait en faveur. Mais quelques jours après, la bulle *Cum ad aures* fut un beau matin affichée sur tous les murs de Rome. Elle condamnait les censures de la Sorbonne, « comme présomptueuses, téméraires, scandaleuses », et les déclarait « vaines, nulles, sans valeur et sans force ».

La publication de cette bulle fut un coup d'éclat auquel personne ne s'attendait. Elle avait été secrètement élaborée, plusieurs mois à l'avance, dans la congrégation du saint office, et rédigée en partie par le cardinal Albizzi, comme nous l'apprend une lettre adressée à M. de Lionne par le duc de Cesarini, prince italien attaché à la France. Le pape, si Louis XIV refusait de faire droit à ses instances, la tenait en réserve comme ressource suprême[2]. M. l'abbé de Bourlemont, qui avait en main toutes les affaires de France, ne se doutait même pas que l'on préparât quelque chose dans le saint office, et il n'y avait pas dans le sein de la congrégation un seul théologien, ni un seul qualificateur sur lequel il pût compter, pour l'avertir de ce qui s'y passait, tant il faisait médiocre figure à Rome ! Quant au cardinal de Retz, il était

---

[1] Archives des Affaires étrangères, lettre du cardinal de Retz à M. de Lionne, 23 juin 1665. Nous donnons plus loin le texte de cette lettre.

[2] *Ibid.*, lettre du 11 mai 1665.

à peine arrivé, il n'avait eu encore le temps de rien découvrir; mais lorsqu'il vit la bulle affichée, il ne put se défendre d'un mouvement de surprise. Il n'eut pas de peine à comprendre que la faveur dont il avait été l'objet n'était qu'apparente, et se sentit cruellement joué « dans un pays où, comme il le dit lui-même, il est moins permis de passer pour dupe qu'en aucun lieu du monde [1] ».

La bulle d'Alexandre VII ne fut pas adressée officiellement au gouvernement français; mais le nonce et les banquiers en répandirent des copies authentiques, et elle eut un prodigieux retentissement.

Il y avait à la cour et à Paris un nombreux parti, composé surtout de grandes dames qui n'étaient pas pour la Sorbonne ni le Parlement. A leur tête se trouvaient la reine mère et la duchesse d'Aiguillon. L'arrivée de la bulle les remplit de joie. Elles espéraient que le roi suivrait les conseils du père Annat, son confesseur, et que les ministres, étroitement unis avec le Parlement et la Sorbonne, seraient humiliés.

La correspondance de M. de Lionne avec le cardinal de Retz et l'abbé de Bourlemont nous fait parfaitement connaître l'état des esprits et les discours que l'on tenait dans les cercles, favorables à la bulle et aux jésuites. « Le roi, disait-on, voudrait être hors de cette affaire, et ne sait pas au vrai ce qui se passe, et la reine mère lui en a parlé fortement. Il n'y a que les ministres qui la soutiennent par leurs cabales, à la suggestion de trois pédants qui sont auprès de leurs enfants. L'ambassadeur d'Espagne, ajoutait M. de Lionne, et madame d'Aiguil-

[1] *Mémoires,* t. IV, p. 252.

lon, fort dévote au saint-siége, assurent que toutes les façons qu'on fait n'ont autre but que d'extorquer des grâces du pape [1]. »

Personne n'était plus irrité contre la bulle que M. de Lionne lui-même. Dans ses dépêches, il en parle avec la plus grande irrévérence ; il la traite de « papier volant et sans aveu [2] », parce qu'elle n'avait pas été officiellement notifiée au gouvernement, ni enregistrée par le Parlement. Il va même jusqu'à accuser le saint-père de ne pas aimer la France, de n'avoir aucun ménagement pour elle, et d'agir comme s'il voulait la séparer du saint-siége et la précipiter dans le schisme. « Qu'importe au pape, écrivait-il à Retz, que la France soit catholique ou hérétique ? Qui y perdra le plus ? En est-il moins pape pour avoir perdu l'Angleterre ? Serait-il pas plus grand prince et plus respecté, s'il n'était que seigneur de Rome et de l'État ecclésiastique ? La qualité de chef de la chrétienté ne lui est qu'à charge, quand il envoie en France des armées, ou en Allemagne des millions et des millions. Il ne saurait retirer de cent ânes de ce royaume-ci ou de l'Allemagne ce qu'il y met, et qui épuise la daterie et ses sujets. Et sans ces sortes d'obligations, il serait infiniment plus riche, plus puissant et plus recherché [3]. »

Pour régler la conduite à tenir à l'égard de la bulle, les ministres se réunirent en conseil, sous la présidence du roi. Ils étaient tous mécontents du saint-siége, et l'on

---

[1] Archives des Affaires étrangères, lettre de M. de Lionne au cardinal de Retz, 21 août 1665.

[2] *Ibid.*, lettre du même au même, 14 août 1665.

[3] *Ibid.*, lettre du même au même, 21 août 1665.

s'attendait à quelque coup d'éclat. Mais le premier président, qui « était homme de bien et éclairé », dit le père Rapin [1], c'est-à-dire lié avec les pères jésuites, porta les choses à la douceur. Il apaisa l'esprit du roi, et dissipa ses préventions, en imaginant « la distinction de la cour de Rome et du saint-siége, du successeur de saint Pierre et du prince temporel [2] ».

Il montra qu'il était important de ne pas éclater contre la bulle, pour ne pas gâter ce que Sa Majesté avait entrepris contre les jansénistes. Louis XIV entra dans ce sentiment, et promit « de dissimuler ce que le pape avait fait [3] ».

Le Parlement et la Sorbonne furent moins modérés. La bulle les atteignait plus directement, et ils donnèrent libre carrière à leurs rancunes contre Rome, sans songer que leurs excès pouvaient précipiter la France dans le schisme. Tant il est difficile aux meilleurs esprits de voir le danger où ils courent, lorsqu'ils sont échauffés et prévenus. Dans une assemblée solennelle du Parlement, l'avocat général Talon fit un sanglant réquisitoire contre l'acte pontifical. Il le présenta comme une entreprise de la cour de Rome, et s'efforça de démontrer que la Sorbonne, en censurant le livre du moine breton et du père jésuite, n'avait fait qu'user d'un droit qui n'a jamais été contesté aux facultés de théologie. Il développa longuement cette thèse, et les conclusions de son réquisitoire furent qu'il fallait rejeter la bulle. Le Parlement, malgré les protestations du président de Mesmes et de la minorité

[1] *Mémoires du père Rapin,* t. III, p. 327.
[2] *Ibid.*
[3] *Ibid.*

de l'assemblée, les adopta à une grande majorité [1]. La décision du Parlement fut notifiée à la Sorbonne, qui nomma aussitôt une commission pour l'examiner en même temps que la bulle du pape [2]. La commission, présidée par l'archevêque de Sens, se trouvait dans un extrême embarras. La plupart de ses membres étaient opposés aux doctrines romaines, et ardents partisans des priviléges de la Sorbonne et de l'Église gallicane. Les conclusions auxquelles ils en voulaient venir n'étaient pas douteuses; mais il y avait des mesures et des précautions à prendre. La Faculté de théologie allait se mettre en révolte contre le saint-siége, en refusant de se soumettre à l'acte pontifical. Tout bien considéré, la commission fut d'avis de ne pas en tenir compte et de garder le silence [3]. « La bulle, écrivit plus tard Bossuet, fut mise au rang des choses qui, restant ignorées, ne nous regardaient pas [4]. »

[1] Bibliothèque nationale, Mss fr. 8, 627, pièces relatives à la Sorbonne.

[2] *Ibid.*, même volume.

[3] Voici les termes ambigus dans lesquels la commission nommée par la Sorbonne fit son rapport : « Les députés, après avoir protesté de leur respect pour le souverain pontife Alexandre VI, le saint-siége et l'Église romaine, mère de toutes les Églises, ont pesé et examiné avec soin la bulle, et ont reconnu à l'unanimité qu'elle porte de graves et nombreuses atteintes aux lois du royaume, de l'Église gallicane, aux droits des évêques et de la Faculté. Il résulte, en outre, de la lecture de cette bulle que le souverain pontife a été induit en erreur sur les faits qui se sont passés et la doctrine de la Faculté. Aussi les députés sont-ils d'avis de ne tenir aucun compte des décrets de la bulle. D'ailleurs, la chose est de si grande importance qu'un plus ample examen et une nouvelle délibération sont absolument nécessaires pour peser toutes les circonstances, toutes les raisons, et en référer à la Faculté. » (Bibliothèque nationale, Mss fr. 8, 627.)

[4] Œuvres de Bossuet, édition Vivès, *Declaratio cleri gallicani,* vol. XXI, p. 756.

A Rome on n'était pas moins préoccupé qu'à Paris.
Dans les cercles diplomatiques et parmi les membres du
sacré collége, l'acte pontifical était l'objet des commentaires les plus contradictoires et les plus passionnés. Retz
voulait absolument pénétrer le fond de la pensée du
souverain pontife, et il épiait l'occasion d'avoir avec lui
un entretien définitif. La bulle avait été affichée vers la
fin de juin sur les murs de Rome, et dans le courant des
deux mois qui suivirent, Alexandre VII, qui ne sortait
presque jamais en été, convoqua plusieurs consistoires.
Le cardinal crut que Sa Sainteté ne manquerait pas,
dans l'une de ces assemblées, de parler au sacré collége
de la résolution qu'il avait prise contre la Sorbonne et
des motifs qui l'y avaient déterminé. Mais voyant que le
pontife gardait un silence obstiné, il entreprit de le faire
parler. A diverses reprises, il lui demanda audience en
plein consistoire pour le consulter sur des affaires de
rien, espérant toujours l'amener à une explication. Mais
Alexandre VII évita constamment d'aborder le sujet sur
lequel Paul de Gondi brûlait d'avoir des éclaircissements.
Un jour même, comme pour mieux se jouer de lui, il
entretint le cardinal d'une bulle sur l'Immaculée Conception qu'il avait accordée aux instances des Espagnols [1],
sans faire aucune allusion à celle qui avait été publiée
contre la Sorbonne.

[1] Archives des Affaires étrangères, lettre du cardinal de Retz à M. de
Lionne, 28 juillet 1665 : « Il y eut hier consistoire où le pape, à qui je
ne croyais dire qu'un mot pour une affaire particulière, me donna une
audience de près d'une heure, dans laquelle il ne me parla que de la
réforme de Cîteaux, de la morale chrétienne et de la conception de la
Sainte Vierge, qu'il traita théologiquement et avec beaucoup de
doctrine. »

Retz trouva plus d'ouverture auprès des membres du sacré collège. Il s'appliqua, pendant près de trois mois, à sonder leurs intentions et leurs sentiments. Il vit successivement les cardinaux les plus distingués et les plus influents : le cardinal Corrado, maître du sacré palais [1] ; Albizzi, esprit souple, délié et en possession de toute la confiance du pape [2] ; le cardinal Rospigliosi, qui fut pape après Alexandre VII [3] ; enfin le cardinal Pallavicini, le célèbre auteur de l'*Histoire du concile de Trente* [4]. Dans de libres entretiens et dans de nombreuses conférences, le cardinal leur expliqua que les censures de la Sorbonne avaient été mal interprétées, qu'elles n'allaient nullement à condamner la doctrine romaine, touchant l'autorité du souverain pontife. A l'exception de Pallavicini, de l'ordre des jésuites et très-attaché à eux, tous entrèrent dans ses raisons ; ils convinrent que la publication de la bulle avait été un peu précipitée, et qu'il fallait en prévenir les conséquences. Pallavicini lui-même, dans une seconde conférence avec Retz, mitigea beaucoup ce qu'il avait dit dans la première, et se rangea à l'avis des autres cardinaux. Voici les termes dans lesquels Paul de Gondi rendait compte de cette conférence à M. de Lionne : « Le cardinal Pallavicini me vint voir avant-hier, et, après avoir affecté de me mettre encore sur le discours de la bulle, il me dit que si la Faculté de théologie de

[1] Archives des Affaires étrangères, lettre du cardinal de Retz à M. de Lionne, 8 septembre 1665.

[2] *Ibid.*, lettre du même au même, 14 juillet et 1er septembre 1665.

[3] *Ibid.*, lettre du même au même, 28 juillet 1665.

[4] *Ibid.*, lettre du même au même, 21 juillet 1665. Voyez l'Appendice, n° I.

Paris n'avait prétendu par sa censure que la condamnation de la proposition qui accuse sa doctrine d'hérésie,
Rome n'avait aucun sujet de se plaindre. Comme il n'accompagna ce discours d'aucune des maximes qu'il avait
tenues dans notre première conversation, je crus qu'il
pouvait y avoir du dessein dans ce changement; je vous
en donne avis comme d'une circonstance qui peut donner
lieu àquelque conjecture sur l'état de cette cour [1]. »

Par les sentiments des cardinaux, Retz savait quels
étaient ceux du pape. Ils ne pouvaient pas en différer
notablement; du moins était-il certain qu'ils ne diffé-
raient pas de ceux d'Albizzi, qui avait tout pouvoir sur
l'esprit du pontife. Il ne restait donc plus qu'à obtenir
une audience d'Alexandre VII, et à entendre confirmer
de sa bouche les explications données par les cardinaux.
Mais Alexandre VII, en été, était presque toujours malade.
Il ne donnait pas d'audience aux ambassadeurs, et ne se
laissait approcher que par un petit nombre d'amis intimes.
Pour l'entretenir, il fallait avoir une occasion de le rencontrer. Paul de Gondi, impatient d'en finir avec la bulle
et les censures de la Sorbonne, résolut de faire naître
cette occasion, et il n'attendit pas longtemps.

Les papes possédaient au dix-septième siècle une maison de campagne à Castel-Gandolfo [2], dans les environs de
Rome, où ils allaient ordinairement chaque année passer
les chaleurs de l'été. Mais, en 1665, Alexandre VII, atteint
d'une grave indisposition, ne put s'y rendre qu'au com-

---

[1] Archives des Affaires étrangères, lettre du cardinal de Retz à M. de
Lionne, 24 août 1665. Voir à l'Appendice, n° I.

[2] Cette maison de campagne appartient encore aujourd'hui au saint-
siége.

mencement de l'automne. Retz, qui souffrait de son côté d'une maladie des yeux, se disposa à aller se reposer quelque temps à Tivoli, dont le séjour lui avait été recommandé par les médecins, comme le meilleur pour soulager sa vue. En s'y rendant, il passa par Castel, et sous prétexte de faire, comme tous les cardinaux, sa cour à Alexandre VII, il lui demanda audience. « Sa Sainteté, écrivait-il à M. de Lionne, après m'avoir reçu avec beaucoup de bonté, et m'avoir parlé un demi-quart d'heure de choses communes et ordinaires, entra d'elle-même en matière sur la bulle, et me dit qu'elle ne pouvait attribuer le bruit que cette affaire faisait en France qu'à l'aversion que l'on y avait contre sa personne. Je lui répondis qu'il ne m'y avait rien paru qui me donnât lieu de croire que l'on n'y avait tout le respect que l'on doit, par toutes sortes de raisons, à Sa Sainteté; que je ne pouvais voir qu'avec une extrême douleur qu'elle eût une opinion contraire à ce que je croyais avoir vu dans tous les esprits; que j'étais obligé de lui dire pour la vérité que, selon toutes les connaissances que j'avais du royaume, et selon toutes les nouvelles que je recevais de mes amis, il n'y avait rien d'inspiré dans tout ce qui se passait touchant la bulle; que ce mouvement était tout à fait naturel; qu'il n'était que la suite inséparable des maximes que nous suçons avec le lait; qu'une preuve de cette vérité est le consentement général de tous les corps qui se trouvent d'un même avis sur tous ces articles [1]. » Après cet exorde insinuant, le cardinal entra dans le fond

[1] Archives des Affaires étrangères, lettre du cardinal de Retz à M. de Lionne, 23 octobre 1665.

de la question, et déclara nettement au pape que le différend du Parlement et de la Sorbonne avec le saint-siége n'était « fondé que sur une équivoque [1] ». Il en avait été persuadé dès le commencement, ajoutait-il; mais, pour être plus sûr, il avait tenu à s'en éclaircir par des lettres de beaucoup de docteurs qui avaient eu part aux censures de la Faculté de théologie de Paris, et par la bouche de quelques-uns de ceux qui avaient été employés à la rédaction de la bulle. Il n'y avait pas un seul de ses amis de Sorbonne qui ne lui eût mandé que l'on n'avait pas eu la moindre pensée de censurer la doctrine romaine touchant l'autorité du pape. D'autre part, Pallavicini, Albizzi et les autres cardinaux qu'il avait interrogés, lui avaient dit positivement que la bulle, dans l'intention de Sa Sainteté, ne regardait que ceux qui condamnaient cette doctrine, sans porter atteinte à la doctrine contraire. Il était donc manifeste que Rome et Paris étaient « d'accord en tout et partout », et lui Retz ne pouvait concevoir « qu'un malentendu fondé sur une équivoque pût subsister au delà du moment » qu'il fallait pour l'éclaircir [2].

Alexandre VII était assez de l'avis du cardinal; il croyait qu'il n'y avait entre la France et le saint-siége qu'une équivoque. Mais il prétendait que c'était la Sorbonne qui l'avait fait naître, et qu'elle s'en faisait une arme pour résister au pape. Aussi refusait-il d'entendre parler d'accommodement et de conciliation. « Tout ce que je pour-

---

rais faire, disait-il, ne servirait de rien dans la disposition où l'on est... Le cœur est gâté. Il y a bien des gens en France qui en veulent au saint-siége, et la cour en veut à ma personne [1]. » Il disait encore « qu'il ne doutait point qu'on ne lui fît tout le mal que l'on pourrait, mais qu'il voulait bien que l'on sût qu'il souffrirait d'abord tout ce que la charité ordonne de souffrir, et qu'il ferait après tout ce que la dignité de l'Église ordonne de faire, que les événements étaient entre les mains de Dieu, et qu'il était résolu de faire son devoir [2] ».

Retz ne se laissa pas décourager par une résistance si opiniâtre et une déclaration si formelle. Il répondit à Sa Sainteté qu'elle se trompait du tout au tout sur les dispositions où l'on était en France. On n'y avait ni défiance ni aversion. On y observait mieux que jamais tous les égards dus au saint-siége, et il n'y avait pas de royaume qui lui fût si sincèrement attaché par le fond du cœur. Mais les esprits étaient troublés et inquiets depuis la publication de la bulle. On croyait à tort qu'elle avait déclaré hérétiques tous les corps de l'État. Cette fausse persuasion pouvait avoir de funestes effets; il était par conséquent nécessaire de donner des explications et « d'effacer par quelque marque authentique la tache d'erreur et d'hérésie [3] » répandue sur toute la France. Après une conférence, qui ne dura pas moins de trois heures, Alexandre VII se laissa fléchir. Il consentit à revenir sur la bulle et à en éclaircir les points obscurs,

[1] Archives des Affaires étrangères, lettre du cardinal de Retz à M. de Lionne, 23 octobre 1665.

[2] *Ibid.*

[3] *Ibid.*

à la condition que ce ne serait pas lui qui ferait le premier pas et que sa dignité serait sauvegardée. C'était se
rendre à plus qu'on espérait. Retz ne se fit pas prier pour
promettre ce que le pontife demandait, et ils décidèrent
tous les deux, séance tenante, que Louis XIV écrirait
une lettre, touchant l'interprétation de la bulle, au nom
du Parlement et de la Sorbonne, et que le saint-siége
lui ferait une réponse dont les termes seraient concertés
d'avance.

Le souverain pontife n'aurait peut-être pas reculé devant l'exécution d'une si dure promesse ; mais Louis XIV
se tint pour satisfait des explications verbales données
au cardinal, et fit grâce de toute explication écrite. Retz
reçut ordre de ne pas poursuivre davantage les négociations, et les choses, selon l'expression de Bossuet, en
restèrent là, chacun demeurant maître chez soi [1].

[1] Bossuet, t. XXI, p. 757, 758 : « *Neque ultimus processit negotium.
Itaque censuræ suo apud nos loco steterunt. Bulla annumerata iis, quæ
ignota, nihil apud nos pertinent.* »

CHAPITRE II

Le cardinal de Retz et les congrégations romaines. — Affaires dont il est
chargé. — Condamnation du livre de Guimenius. — La réforme dite
de l'*étroite observance*.

Nous avons dit que Retz, à son arrivée à Rome, fut
nommé membre de trois congrégations. Voici en quels
termes il annonça lui-même à M. de Lionne, dans une
lettre datée du 23 juin 1665, cette marque de distinction et d'honneur qu'il venait de recevoir du saint-père :
« Depuis ma lettre reçue du 16ᵉ, M. l'abbé Castiglioni
m'est venu trouver de la part de M. le cardinal Chigi, et
m'a dit que le pape m'a mis de trois congrégations : *di
Vesconi e Regolari, dell' Immunità ecclesiastica, della Si-
gnatura di gratia.* Je ne sais si ce ne serait point manquer
au respect que de vous supplier de rendre compte au roi
d'une chose de si peu de considération. Mais je ne laisse
pas de vous le mander, pour me donner à moi-même
cette satisfaction, et pour prendre en même temps l'occasion de vous assurer que je suis, etc. [1]. » En parlant
ainsi, Retz n'exprimait pas le fond de sa pensée : il était
bien éloigné de faire peu de cas des congrégations romaines ; il était, au contraire, extrêmement flatté d'avoir

[1] Archives des Affaires étrangères.

été nommé membre de trois des plus importantes, et rien
ne lui avait été plus sensible, lorsqu'il s'était réfugié à
Rome, en 1655, que de n'avoir été appelé dans aucune
par Alexandre VII [1]. Il s'était vu par là exclu de toute
participation au gouvernement de l'Église; car les congrégations romaines étaient au dix-septième siècle et
sont encore aujourd'hui les commissions permanentes, où
se règlent les affaires spirituelles de l'univers catholique
tout entier. Leurs décisions, confirmées par le souverain pontife, deviennent des lois révérées qui modifient
le code du droit canon ou lui servent d'interprétation.

Retz y avait sa place marquée comme cardinal. Il avait
été préparé à la remplir par de brillantes études en Sorbonne. Sous la régence d'Anne d'Autriche, il avait été
du conseil de conscience, dont saint Vincent de Paul était
un des membres, et il s'y était fait remarquer par la souplesse et la supériorité de son esprit. Sa capacité, d'ailleurs, et son crédit n'étaient ignorés de personne. On
savait de plus qu'il n'y avait pas d'homme plus empressé
à rendre service, et l'on pouvait recourir à lui sans
s'exposer à un refus. Aussi toutes les affaires que le clergé
de France, pendant les années 1665 et 1666, porta à
Rome, passèrent par ses mains. Au lieu de s'adresser aux
auditeurs de rote ou aux autres agents français, on allait

---

[1] Archives des Affaires étrangères, 24 mars 1665, lettre du duc de
Créqui au roi : « Le pape me témoigna avoir envie de savoir si le cardinal
de Retz viendrait à Rome, et me parla assez longtemps sur son sujet...
Le discours en substance fut que l'on s'était fort plaint, lorsqu'il avait
donné le *pallium* à ce cardinal, mais qu'on n'avait rien dit, lorsqu'après
que, selon la coutume, il lui avait ouvert la bouche dans un consistoire,
il ne l'avait mis de nulle congrégation, ce qui ne se pratique jamais
envers aucun cardinal, sans lui faire injure. »

directement à lui. De son côté, le cardinal donnait, de la meilleure volonté du monde, son appui à tout ce qui pouvait intéresser les évêques, les ordres religieux, comme aussi à tout ce qui importait à la grandeur et à la dignité du roi. On le trouvait toujours prêt à défendre avec un zèle égal l'Église et l'État.

Sa correspondance diplomatique fait mention d'un grand nombre d'affaires qu'il s'était chargé de solliciter et de poursuivre en cour de Rome. Mais cette même cor·respondance, trop laconique, ne parle de ces affaires qu'en passant, sans dire de quoi il s'agissait au juste, et il est aujourd'hui à peu près impossible de s'en éclaircir.

Ainsi, nous savons qu'il soutenait les intérêts de l'évêque d'Orléans et plaidait chaudement sa cause auprès du saint-père [1]. Il s'occupait également des démêlés de l'évêque de Sorèze [2]. Mais quelles étaient les affaires de l'évêque d'Orléans ? Quels étaient les démêlés de celui d'Agde avec le couvent de Sorèze? Retz ne nous en dit absolument rien. Il ne s'explique pas avec plus de clarté au sujet d'un bref qu'il avait fait obtenir aux religieuses d'un couvent de Bretagne, en appuyant fortement une demande qu'elles avaient adressée à la congrégation des Réguliers. Ce bref était pourtant d'une certaine importance ; car voici en quels termes le cardinal en parle dans une de ses dépêches : « Je rapportai, il y a quelque temps, à la congrégation des Réguliers, une affaire qui regarde les religieuses carmélites de Nazareth de Bretagne, et le père Gabriel, carme, qui a l'honneur d'être

---

[1] Archives des Affaires étrangères, lettre du cardinal de Retz à M. de Lionne, 17 novembre 1665.

[2] *Ibid.*, lettre du même au même, 23 avril 1666.

connu de vous, et qui a été le solliciteur de cette cause, m'a prié de vous en témoigner la justice, parce que ces filles pourront implorer dans la suite l'autorité du roi, pour l'exécution du bref qu'elles ont obtenu sur ce sujet; ensuite du décret rendu par la congrégation. Je dois vous dire, pour la vérité, qu'il passa tout d'une voix [1]. »

Retz, heureusement, n'est pas aussi obscur ni aussi énigmatique sur toutes les affaires qu'il introduisit ou soutint dans les congrégations; il y en a sur lesquelles il est très-explicite, et par les renseignements qu'il nous donne, nous voyons que le clergé au dix-septième siècle n'était pas aussi servile qu'on nous le représente. Il ne supportait pas toujours avec une entière résignation le joug que Louis XIV faisait peser sur lui; et il lui arrivait de se fatiguer de l'omnipotence du souverain et de tenter de s'y soustraire. Ainsi l'évêque de Cahors voulait établir des chanoines réguliers dans l'abbaye de Chancelade; mais Louis XIV s'y opposait, et il avait réitéré plusieurs fois cette défense. L'évêque n'en tenait aucun compte et poursuivait à Rome l'érection des chanoines. Retz fit échouer son entreprise [2], sachant qu'il était par là agréable au roi. Les religieux cherchaient aussi quelquefois à agir avec indépendance. Ainsi les prémontrés, selon les règles de leur ordre, avaient la permission d'élire en chapitre leur supérieur général; mais le procureur, qui les représentait à Rome, ne voulait pas de ce privilége; il voulait, au contraire, que le supérieur général fût nommé directe-

---

[1] Archives des Affaires étrangères, lettre du cardinal de Retz à M. de Lionne, 8 décembre 1665.

[2] *Ibid.*, lettre du même au même, 8 juin 1666.

ment par le pape. Il y tenait fortement; mais tous ses efforts furent anéantis par l'habileté du cardinal [1]. Citons un autre exemple. Les mathurins de France possédaient à Rome le couvent de Saint-Denis, qui, sans faire partie d'aucune de leurs provinces, appartenait néanmoins aux Français. A ce titre, il était placé sous la protection de Louis XIV. On travaillait secrètement à l'en détacher pour l'incorporer à quelque province d'Italie. L'affaire fut, à diverses reprises, portée dans la congrégation des Réguliers et débattue avec chaleur. Retz mit tout en œuvre pour empêcher que l'on enlevât le couvent aux Français, et il parvint à le leur conserver [2].

Mais les diverses affaires dont nous venons de parler ne sont pas les plus importantes. Nous nous sommes réservé de parler à cet endroit de deux autres beaucoup plus graves, qui lui prirent bien plus de temps et lui coûtèrent beaucoup plus de peine.

La première de ces affaires fut la condamnation du livre publié par le père Moya, dont nous avons parlé plus haut. Ce livre n'était pas un traité dogmatique. A peine parlait-il en passant de la hiérarchie de l'Église et de la souveraineté du pape. Dans son ensemble, c'était une compilation de théologie morale, et, comme nous l'avons remarqué, une apologie déguisée des casuistes. Aussi la Sorbonne, dans sa censure, n'avait pas seulement visé les propositions qui portaient atteinte aux doctrines gallicanes; elle avait fait, en outre, un extrait de plus de cent

---

[1] Archives des Affaires étrangères, lettre du cardinal de Retz à M. de Lionne, 15 mai, 15 et 22 juin 1666.

[2] *Ibid.,* lettre du même au même, 17 novembre 1665, 26 janvier, 2 et 23 février, 30 mars 1666.

propositions de morale, qu'elle avait condamnées en des termes sanglants. C'était une belle occasion pour Retz de se venger des jésuites [1]. Il déféra l'ouvrage du père Mathieu Moya à la congrégation du saint office, voulant l'obliger à confirmer la condamnation faite à Paris, en même temps qu'il poursuivait devant ce tribunal l'accommodement de la Sorbonne et du Parlement avec le saint-siége.

Une pareille entreprise était hardie, car le livre du père jésuite avait paru avec l'approbation du général de la Compagnie, et Alexandre VII, dans la bulle *Cum ad aures,* avait dit, d'une manière assez explicite, que la morale qu'il renfermait était la morale universellement reçue dans l'Église. Cependant, après avoir examiné l'ouvrage, les qualificateurs du saint office ne firent nulle difficulté de reconnaître qu'il était répréhensible, et qu'il contenait une morale relâchée et condamnable. Ils étaient même d'avis de le censurer; mais la plupart d'entre eux ne voulaient pas qu'on fît mention de l'auteur dans la censure. De ce nombre étaient les cardinaux Albizzi et Pallavicini. Pour justifier leur sentiment, ils alléguaient que souvent on condamnait des doctrines sans nommer

---

[1] Le père Rapin parle dans ses *Mémoires,* t. I⁰ʳ, p. 160, de la haine, le mot y est, du cardinal de Retz contre les jésuites. « On n'a jamais bien pu pénétrer, dit-il, quel fondement pouvait avoir cette haine; mais, comme on ne l'a jamais vu se démentir dans la conduite qu'il tint à l'égard des jésuites... ce n'est pas sans raison qu'on écrit qu'il s'était passé quelque chose de secret dont il se sentit offensé contre eux. Il y en eut qui firent courir le bruit que le peu de ménagement qu'on eut pour lui pendant ses premières études au collége de Clermont, où, en effet, il fut traité sans aucune distinction, fut un des premiers sujets de mécontentement qu'il eut contre les pères jésuites. »

les auteurs qui les avaient soutenues. Ils ajoutaient que les propositions condamnables n'étaient pas du père Mathieu Moya, mais qu'il les avait empruntées aux plus célèbres moralistes de tous les temps. Le pape, de son côté, était indécis et fort embarrassé. Comme il se montrait impitoyable contre les jansénistes, il ne voulait pas que les jansénistes pussent l'accuser de complaisance pour les casuistes et la morale relâchée. Il ne voulait pas qu'on épargnât l'ouvrage du jésuite espagnol, et il promettait à Retz de le condamner; mais il n'osait pas aller contre le sentiment du cardinal Albizzi et du cardinal Pallavicini, d'autant plus que derrière eux il y avait le père Oliva, général des jésuites, et la Compagnie tout entière. Il cherchait un moyen terme, un compromis, et disait que ce que le saint office ne ferait pas, l'Index pourrait le faire. Voici à ce sujet un curieux passage extrait d'une lettre adressée par Retz à M. de Lionne : « MM. les cardinaux Albizzi et Pallavicini, disait-il, firent les derniers efforts, il y a quelque temps, pour obliger le pape à changer la résolution qui avait été prise de censurer nommément Guimenius[1], et fondèrent leur opinion sur l'injustice qu'il y avait à plus maltraiter cet auteur que Diana, Caramuel et quelques autres, dont on censurait particulièrement les propositions sans les nommer. Il y eut contestation d'abord, mais tout le monde se rendit à la fin, à la réserve de M. le cardinal Ottoboni, qui ne s'ébranla point, et qui soutint qu'il était important de nommer Guimenius dans la censure. J'ai remis à vous

---

[1] Pseudonyme sous lequel le père Mathieu Moya avait publié son livre. Voyez le chapitre précédent.

dire en ce lieu ce que le pape me dit touchant cet auteur, parce qu'en lui en parlant je lui fis voir que la congrégation du saint office avait agi contre toutes ses règles, en changeant la résolution qu'elle avait prise de le nommer, et je lui alléguai même un passage des constitutions de la congrégation *dell' Indice*, faites en 1664, qui, au paragraphe premier de l'impression des livres, s'exprime en ces termes : « *In his generibus librorum, qui ex va* « *riorum scriptorum dictis, aut exemplis, aut vocibus* « *compilari solent, is qui laborem colligendi et compi* « *landi suscepit pro auctore habeatur.* » Il me répondit que ce qui ne s'était pas fait dans la congrégation du saint office se pourrait faire dans celle *dell' Indice;* qu'il serait bien aise que je fisse voir aux cardinaux qui en étaient le passage que je lui apportais; que je savais qu'il m'avait parlé en tout temps de cette morale corrompue avec horreur, et qu'il ferait voir à toute la chrétienté qu'il n'y avait personne au monde plus éloigné que lui de la défense de cet ignorant et de ce scélérat. Ce fut ainsi qu'il me nomma Guimenius [1]. »

Il était difficile d'empêcher le livre du père Mathieu Moya d'être censuré. Ce livre renfermait des erreurs manifestes que Retz et le cardinal Ottoboni faisaient toucher au doigt dans la congrégation du saint office. On condamna une première fois vingt propositions, « de celles qui contenaient les erreurs les plus claires et les plus grossières [2] ». Une seconde fois, on en ajouta douze à celles-là, et une troisième, le tribunal fut sur le point de

---

[1] Archives des Affaires étrangères, lettre du cardinal de Retz à M. de Lionne, 23 octobre 1665.

[2] *Ibid.*, lettre du même au même, 6 octobre 1665.

nommer l'auteur. Mais le père Oliva détourna le coup
« en joignant ses instances à celles du cardinal Albizzi et
du cardinal Pallavicini [1] ». De son côté, Louis XIV, poussé
sans doute par le père Annat, son confesseur, fit écrire
au cardinal de Retz, par M. de Lionne, de ne pas poursuivre la condamnation de l'ouvrage [2]. Mais le cardinal
avait une trop belle occasion de satisfaire sa rancune
contre les pères jésuites, pour ne pas la mettre à profit.
Il feignit de ne pas comprendre ce qu'on lui écrivait de
Versailles, et fit la sourde oreille. Il continua ses instances
contre la malencontreuse apologie des casuistes, et il fit
tant et si bien qu'un beau jour on vit paraître et afficher
la condamnation de l'ouvrage, le nom de l'auteur en
tête [3].

La seconde affaire importante qui occupa Paul de
Gondi, et pour laquelle il déploya les ressources de son
habileté diplomatique, fut la réforme de Cîteaux, dite de
l'*étroite observance*. A son départ de Commercy, la reine
mère, avec qui il était pleinement réconcilié, l'avait
chargé de faire approuver cette réforme, et d'appuyer
l'abbé de Rancé et l'abbé du Val-Richer qui, depuis plus
d'une année, étaient en instance auprès du saint-siége,
munis de recommandations, non-seulement de la reine

---

[1] Archives des Affaires étrangères, lettre du cardinal de Retz à M. de
Lionne, 6 octobre 1665 : « La condamnation de Guimenius qui avait été
tout à fait résolue par l'extrême instance du père Oliva. On croit pourtant qu'il faudra qu'il cède à la fin aux efforts de M. le cardinal Ottoboni, qui fait assurément sur ces matières tout ce que l'on peut attendre
de sa vertu. »

[2] *Ibid.,* lettre de M. de Lionne au cardinal de Retz, 18 novembre 1665
et 15 janvier 1666.

[3] *Ibid.,* lettre du cardinal de Retz à M. de Lionne, 13 avril 1666.

mère, mais encore du prince et de la princesse de Conti, de madame de Longueville et de toutes les personnes de la cour de France en renom de piété. Désireux d'être agréable à Anne d'Autriche et à l'austère réformateur de la Trappe, qu'il logea dans son palais tout le temps qu'il fut à Rome, Retz eut plusieurs audiences du pape au sujet de la réforme de Cîteaux. Sa correspondance diplomatique en mentionne deux, l'une qu'il obtint le 20 juillet 1665 [1], et l'autre dans les premiers jours de décembre de la même année [2]. Mais quels furent les résultats de cette double entrevue, et les raisons échangées entre le cardinal et le souverain pontife, cette même correspondance n'en dit rien. L'abbé de Maupeou, qui pouvait avoir été instruit de ce détail par de Rancé lui-même, prétend que le pape dit à Retz qu'il était las d'entendre parler de l'affaire de Cîteaux, qu'il ne voulait plus s'en mêler, que la reine mourrait, et que la France détruirait tout ce qu'il aurait fait en faveur de la réforme [3].

Inutile de dire que ce n'étaient là que des prétextes. La cause véritable de l'opposition inflexible du saint-siége était ailleurs. La correspondance de Retz nous la fait clairement connaître. Elle nous apprend que l'*étroite observance* n'était pas universellement réclamée. Elle n'était du goût que de quelques couvents. Non-seulement les autres n'en voulaient pas, mais ils s'y opposaient formellement. Ils avaient même député à Rome un religieux

---

[1] Archives des Affaires étrangères, lettre du cardinal de Retz à M. de Lionne.

[2] *Ibid.*

[3] *Vie de l'abbé de Rancé,* par M. DE MAUPEOU, t. I, p. 229.

chargé de mettre à la réforme toutes les entraves possibles.
De plus, le cardinal Franciotti, protecteur de l'ordre de
Cîteaux tout entier, y était très-hostile, et il faut bien
croire qu'il n'épargnait pas les réformateurs, puisque
nous trouvons dans une dépêche de Retz, à propos d'une
circonstance qu'il ne désigne pas, la singulière phrase
que voici : « Je priai hier M. de Rancé d'aller trouver le
cardinal Franciotti, qui est protecteur de l'Ordre, de ma
part, pour lui rendre le bon office que son insolence et
sa folie méritent [1]. »

Ainsi l'on était très-divisé à l'endroit de la réforme.
Elle rencontrait de nombreux adversaires ; la plupart des
religieux refusaient de s'y soumettre. D'un autre côté,
ceux qui s'en montraient partisans étaient suspects à
Rome, et de Rancé plus que personne. Le saint-siége
au dix-septième siècle redoutait le jansénisme, qui s'insi-
nuait, sans s'avouer, par mille canaux détournés, dans les
congrégations religieuses, comme dans la haute société
des personnes du monde, et il croyait, non sans quelque
raison apparente, l'apercevoir dans la réforme de l'*étroite
observance*. Volontiers on s'imaginait dans l'entourage
d'Alexandre VII que les abbés de Rancé et du Val
Richer n'avaient d'autre intention, en l'établissant,
que de s'en faire une arme, pour s'écarter de la
pureté de la foi et déclarer la guerre à l'Église romaine.
On fut tout à fait confirmé dans ce sentiment par une
thèse qu'un religieux réformé soutint en Sorbonne. Cette
thèse fut la véritable cause pour laquelle on opposa

---

[1] Archives des Affaires étrangères, lettre du cardinal de Retz à M. de
Lionne, 1er septembre 1665.

à toutes les instances une fin de non-recevoir. C'est du moins ce qu'attestent, chacun de leur côté, M. de Maupeou et le cardinal de Retz, et leur témoignage nous paraît décisif. Écoutons d'abord le premier : « On envoya à Rome, dit-il dans la *Vie de Rancé,* la thèse d'un bachelier de l'ordre de Cîteaux..... remplie, au dire des ultramontains, d'assertions contraires au respect dû au saint-siége et à l'autorité, qu'il avait soutenue en Sorbonne. Cette thèse fit grand bruit à Rome, et acheva de tout perdre. On en tira de grands avantages contre la réforme, et l'on dit à M. de la Trappe que cela seul était suffisant pour le décrier dans l'esprit des cardinaux, et pour empêcher qu'on ne pût lui rendre aucun bon office [1]. » Retz nous apprend à son tour que la thèse du religieux réformé fut déférée au saint office, et qu'elle eût été publiquement condamnée, si l'on n'eût craint d'envenimer par là l'affaire du Parlement et de la bulle, qui était en pleine voie d'accommodement ; et il ajoute que, d'après tous les renseignements qu'il a pu se procurer, cette thèse a été le principal obstacle à l'approbation de la réforme [2]. Le cardinal revient fréquemment, dans sa correspondance, sur cette question, et toujours avec la même pensée.

Nous trouvons dans la dernière lettre qu'il adressa à M. de Lionne au sujet de l'*étroite observance* ces paroles qui ne laissent aucun doute : « Je ne me trompai pas quand je vous écrivis que l'on était fort aigri au palais de la thèse du bernardin. On n'y a pas seulement voulu

---

[1] *Vie de Rancé,* par M. DE MAUPEOU, curé de Nonancourt, t. I, p. 230.

[2] Archives des Affaires étrangères, lettre du cardinal de Retz à M. de Lionne, 23 mars 1666.

écouter depuis ce temps l'abbé du Val-Richer, qui est ici pour la réforme ; et l'on a consulté toutes les résolutions avec le procureur général de Cîteaux [1] », qui ne voulait à aucun prix de l'*étroite observance.*

Ainsi les deux réformateurs de la Trappe, députés à Rome par leur ordre, échouèrent complétement ; et ils durent revenir en France travailler isolément, chacun dans leur couvent, à l'exécution de leur pieux dessein.

[1] Archives des Affaires étrangères, lettre du cardinal de Retz à M. de Lionne, 1er juin 1666. Dans une autre lettre, en date du 30 mars de la même année, il écrivait : « Je me trouvai jeudi à la chapelle de la Minerve, auprès de M. le cardinal Albizzi, qui s'entretenait avec le cardinal Barberini de la thèse que le bernardin réformé a soutenue à Paris ; et comme il en témoignait de l'étonnement, je lui répondis... que j'appréhendais que la conduite de cette cour n'eût de facheuses suites. Je fis le même discours à M. le cardinal Borromeo, et l'un et l'autre ne me répondirent que des épaules. »

CHAPITRE III

Mort du roi d'Espagne. — Raisonnements du cardinal de Retz
touchant la succession du royaume de Naples.

Dès le commencement de l'année 1666, le différend du
Parlement, de la Sorbonne et du saint-siége était
entièrement réglé ; la réforme de Cîteaux, n'ayant plus de
chance de succès, était mollement réclamée. Le cardinal
de Retz allait se trouver à Rome sans aucune affaire
importante à traiter. Mais la mort du roi d'Espagne,
arrivée au mois de septembre 1665, souleva, à l'occasion
de l'investiture du royaume de Naples, une question
toute politique qui vint fournir un nouvel aliment à
l'infatigable activité du cardinal. Nous allons la traiter
avec quelque détail, parce qu'elle nous fait voir le génie
de Retz sous un aspect nouveau.

Les papes étaient, au dix-septième siècle, les suzerains
du royaume de Naples, qui faisait partie des immenses
possessions de la couronne d'Espagne, et, à chaque
nouveau règne, ils en donnaient l'investiture par la
réception de la haquenée. Comme les souverains pontifes
avaient été opprimés au moyen âge par la domination
des empereurs d'Allemagne, qui possédaient à la fois le
sud et le nord de l'Italie et faisaient peser sur Rome un
joug injuste et odieux, Jules II avait établi par une bulle

l'incompatibilité de l'Empire et du royaume de Naples, c'est-à-dire qu'il avait proclamé que jamais le même souverain ne pourrait à la fois posséder l'empire d'Allemagne et le royaume de Naples. Mais depuis la mort du roi d'Espagne, qui n'avait laissé qu'un enfant malingre âgé de quatre ans, et dont les jours étaient comptés, les Espagnols parlaient de faire lever la clause d'incompatibilité, parce que l'on supposait, ce qui arriva en effet, que l'empereur d'Allemagne épouserait l'infante d'Espagne, et qu'à la mort du jeune roi, il hériterait du royaume de Naples en même temps que de toutes les autres possessions de l'Espagne. On disait même qu'ils avaient fait faire une consultation secrète à Rome, et qu'il leur avait été répondu que la clause d'incompatibilité pouvait être considérée comme suffisamment abrogée par les dispenses personnelles accordées à Charles-Quint, à Philippe II, à Philippe III, et que l'empereur d'Allemagne, si la succession du royaume de Naples venait à s'ouvrir à son profit, n'avait nul besoin de l'intervention du pape pour pouvoir la recueillir.

Mais à Paris on ne raisonnait pas comme à Madrid. Louis XIV avait les yeux fixés sur l'Espagne. A la mort de don Carlos, fils et successeur du roi défunt, il espérait bien mettre la main sur la plus grosse part de l'héritage, et il n'entendait céder à personne les prétentions qu'il pouvait faire valoir sur le royaume de Naples. Dans cette succession, la France n'avait pour concurrent que l'empereur d'Allemagne; mais c'était un concurrent dangereux et puissant. Il s'agissait de réduire ses prétentions à néant, et d'établir son inhabilité à monter sur le trône de Naples. Pour cela, il fallait démontrer que la bulle de Jules II, touchant l'incompatibilité de l'Empire et du royaume de Naples, n'était pas abrogée et continuait à faire loi. Léon X, Jules III et Clément VIII avaient, il est vrai, dispensé de l'incompatibilité Charles-Quint, Philippe II et Philippe III. Mais ces dispenses étaient personnelles; elles ne regardaient que ceux qui les avaient obtenues, et ne donnaient aucune atteinte à la bulle de Jules II. Pourtant il faut bien reconnaître qu'elles avaient jeté quelques nuages sur la question, et Retz travaillait activement pour le compte du roi à dissiper ces nuages de concert avec M. de Lionne. Ses dépêches nous montrent avec quelle souplesse et quelle habileté il savait discuter, interpréter les documents les plus obscurs et se mouvoir à l'aise à travers les difficultés de toutes sortes. Nous assistons, pour ainsi dire, dans sa correspondance à l'élucidation de chacune de ces difficultés. « On me vient de dire, écrivait-il le 1er décembre 1665, que les Espagnols travaillent auprès du pape pour faire lever la clause de l'incompatibilité de l'Empire et du royaume de Naples, qui est insérée dans la bulle d'investiture donnée par Jules II au roi Ferdinand. J'essayerai de démêler si cette nouvelle est véritable, ou si ce n'est, comme j'ai plus de pente à le croire, qu'un bruit jeté par les politiques de Rome, qui ne croient pas, au moins pour la plupart, que la dérogation de Léon X à cette clause en faveur de Charles V [1] puisse être tirée à conséquence pour ses successeurs [2]. » Dans une autre dépêche, Retz complétait les renseignements donnés dans celle-ci : « Il y a quinze

---

[1] Charles-Quint.
[2] Archives des Affaires étrangères.

jours, écrivait-il à M. de Lionne le 22 décembre 1665, il y a quinze jours que je vous mandai l'avis que l'on m'avait donné, touchant l'investiture du royaume de Naples. On me l'a confirmé de bon lieu, et il est certain que la consultation a été faite secrètement; mais il n'est pas possible que les Espagnols y aient trouvé, comme ils ont dit, qu'ils ne peuvent avoir besoin du pape en aucun cas. J'ai enfin vu la bulle de Jules II qui porte expressément que l'Empire et le royaume de Naples sont incompatibles de tout point dans une même personne; et elle exprime même clairement et nettement le cas de la succession d'un empereur qui aurait épousé l'héritière devant qu'elle le fût. Il n'y a rien de plus positif, et ce que les Espagnols ont dit, à ce que l'on m'a assuré, du résultat de la consultation, me ferait soupçonner que le premier bruit qu'il y a eu de leurs instances sur ce sujet auprès du pape ne fût véritable [1]. »

Quant aux bulles de Léon X, de Jules III et de Clément VIII, bien qu'elles ne fussent que des dispenses personnelles et à vie accordées à Charles-Quint, à Philippe II et à Philippe III, Retz reconnaît néanmoins qu'elles renfermaient des expressions dont il était possible à d'habiles jurisconsultes de tirer de dangereuses conséquences.

« Vous trouverez, écrivait-il à M. de Lionne, ci-jointe la copie de la bulle de Léon X, qui n'est à proprement parler qu'une dispense qu'il donne à la personne de Charles-Quint, pour pouvoir retenir avec l'Empire le royaume de Naples. Un prélat de cette cour

[1] Archives des Affaires étrangères.

assez intelligent me disait, il y a quelques jours, qu'il croyait que les Espagnols pourraient prétendre que ses successeurs sont compris dans cette dispense, parce qu'il est porté par une des clauses que la bulle de Jules II demeurera dans toute sa force, excepté sur l'article sur lequel on avait dispensé. Mais outre que cet endroit même ne se peut expliquer que comme une précaution que Léon X a prise, pour faire voir qu'en se relâchant, en faveur de Charles-Quint, de la clause de l'incompatibilité insérée dans la bulle de Jules II, il ne prétendait pas pour cela décharger cet empereur des autres obligations de l'investiture; outre, dis-je, cette considération, qui est certainement et visiblement le vrai sens de la bulle, le mot *dum vixeris,* qui y est répété deux ou trois fois, convainc incontestablement que cette dispense de Léon X n'a aucun trait aux successeurs de Charles-Quint, et qu'elle n'a regardé que sa seule personne; et cette réponse détruit, à mon opinion, plus que suffisamment le fondement sur lequel le prélat dont je vous viens de parler appuyait la sienne. Ces mots *dum vixeris* arrêtèrent son raisonnement tout court, et ce prélat m'avoua qu'il ne les avait pas remarqués dans la bulle.

« Celles des investitures données par Jules III, Philippe II et par Clément VIII ont fait naître un autre scrupule dans mon esprit. Il y est porté que ces rois observeront invariablement toutes les conditions stipulées par la bulle de Jules II, à la réserve de celles desquelles le saint-siége se trouverait avoir dispensé, d'où l'on voudrait peut-être inférer que le saint-siége n'ayant dispensé sur aucune autre, cette clause d'exception portée dans ces dernières bulles, en faveur des princes qui n'en avaient pas besoin pour leur personne, puisqu'ils n'étaient pas empereurs, ne pouvait être que l'explication de celle qui a été insérée dans la bulle de Léon X, en faveur de Charles-Quint, et devrait servir par conséquent de témoignage que la dispense s'étend à ses descendants [1]. »

Toutes les raisons pour et contre bien considérées, Retz conclut que la clause de l'incompatibilité de l'Empire et du royaume de Naples posée par Jules II demeure entière et dans toute sa teneur. Aucun de ses successeurs n'y avait porté atteinte.

« Il est certain, dit-il en terminant, qu'il ne faut qu'un peu de bonne foi et qu'une fort légère connaissance du style des bulles, qui ne sont pas tout à fait régulières dans l'observation des temps de la grammaire, pour confesser que les papes n'ont prétendu, par la clause dont il s'agit, que déclarer d'une part qu'ils n'ont déchargé Charles-Quint d'aucune des obligations de l'investiture que de celle de l'incompatibilité, et de faire voir de l'autre qu'ils se sont réservé le pouvoir de dispenser, quand il leur plaira, et de celle-là et des autres [2]. »

Les derniers mots de la lettre de Retz renferment toute la question. Le saint-siége n'avait pas levé la clause d'incompatibilité; la bulle de Jules II n'était pas abrogée, mais on avait le pouvoir de l'abroger; et comme Alexandre VII n'aimait pas la France, il suffisait qu'il s'aperçût que l'abrogation de la clause qui excluait l'empereur d'Allemagne du trône de Naples fût désagréable

---

[1] Archives des Affaires étrangères, lettre du cardinal de Retz à M. de Lionne, 9 février 1666.

Ibid.

au gouvernement de Louis XIV, pour qu'il s'empressât de la faire disparaître, à la moindre instance des Espagnols. Le cardinal était donc d'avis de ne rien dire, à l'occasion de la nouvelle investiture que l'on devait prochainement donner à don Carlos, mais d'observer soigneusement que, dans l'acte d'investiture, on-n'insérât aucune restriction qui fût de nature à abroger la clause d'incompatibilité. S'il remarquait la moindre chose à cet égard, il était décidé à protester et à défendre énergiquement les droits et l'indépendance du saint-siége, qui, par la clause d'incompatibilité, avait voulu se soustraire à la domination et à la tyrannie des empereurs d'Allemagne[1]. C'est ce que Paul de Gondi appelait « faire la guerre à l'œil[2] ».

Mais il ne suffisait pas de veiller au maintien intégral d'une bulle qui excluait l'empereur du trône de Naples, et à laquelle on avait dérogé plusieurs fois ; déjà il fallait chercher des arguments positifs, qui permissent à la France de revendiquer cette succession, lorsqu'elle viendrait à s'ouvrir. Nous en trouvons deux dans la correspondance de Retz. Ils sont l'un et l'autre d'une valeur contestable ; mais le cardinal les développe avec une grande habileté. Le premier de ces arguments est fondé sur les droits que la couronne de France prétendait tenir de la maison d'Anjou, qui avait régné à Naples, par le testament de Charles du Maine, de l'investiture donnée à Charles VIII par Alexandre VI, et d'un traité conclu

---

[1] Archives des Affaires étrangères, lettre du cardinal de Retz à M. de Lionne, 8 juin 1669.

[2] *Ibid.*

entre Louis XII et Ferdinand le Catholique [1]. De pareils droits, si jamais ils avaient existé, étaient à coup sûr fort anciens et fort chimériques. Depuis longtemps il n'en était plus question ; depuis longtemps il ne venait même plus en pensée aux ministres et aux ambassadeurs de Sa Majesté Très-Chrétienne auprès du saint-siége d'en faire mention [2], tant on les croyait oubliés et annulés. Retz, d'ailleurs, reconnaît lui-même que l'on ne pourrait faire valoir ces droits que si le trône de Naples venait à vaquer sans être revendiqué par personne.

Le second argument invoqué par le cardinal est d'une nature toute différente. Il va même directement contre le premier. Paul de Gondi le tire des droits de la reine Marie-Thérèse à la succession d'Espagne, et en particulier au trône de Naples. Il n'est pas douteux, en effet, que si l'Espagne possédait légitimement le royaume des Deux-Siciles, les droits de la couronne de France mis en avant par Retz étaient chimériques. Aussi le cardinal était d'avis de n'élever aucune réclamation contre l'investiture accordée aux Espagnols, parce qu'il estimait qu'elle pourrait devenir la base la plus solide des revendications de la France. Car si don Carlos mourait sans laisser de successeur, les droits de Marie-Thérèse au trône de Naples ne pourraient être contestés de personne ; elle devenait l'héritière légitime. Il est vrai qu'elle avait renoncé à cette

[1] Archives des Affaires étrangères, lettre du cardinal de Retz à M de Lionne, 15 juin 1666. Voir l'Appendice, n° III.

[2] *Ibid.*, lettre du même au même, 13 juin 1666 : « Bien qu'ils soient (ces droits anciens) fort légitimes, ils n'ont pas été tenus assez en vigueur, en cette cour, par les ambassadeurs et les ministres de Sa Majesté, pour prétendre avec fondement de les y pouvoir soutenir par des actes plus forts et plus à effet positifs que par des clauses générales. »

succession au moment de son mariage avec Louis XIV, comme au reste de la monarchie espagnole ; mais cette renonciation était nulle : 1° parce que Marie-Thérèse l'avait faite étant mineure ; 2° parce qu'elle devait être compensée par une dot, qui n'avait jamais été payée. La reine rentrait donc en possession de tous ses droits.

De plus, à supposer même que la renonciation fût valable pour les autres parties de l'héritage de Charles II, elle était forcément nulle pour le royaume de Naples, parce que le royaume de Naples était fief du saint-siége, et l'on n'avait pas pu changer l'ordre d'investiture sans le consentement du pape et du sacré collége. Or, l'ordre d'investiture appelait au trône Marie-Thérèse après le roi son frère, parce que l'empereur d'Allemagne, le seul héritier mâle de la maison d'Autriche, était exclu, comme nous l'avons dit plus haut [1]. Telle était la façon spécieuse dont raisonnait le cardinal. Remarquons en passant qu'il soutenait la nullité de la renonciation faite par Marie-Thérèse dès 1666, et le *Traité des droits de la Reine Très-Chrétienne sur divers États de la monarchie d'Espagne*, envoyé l'année suivante à tous les gouvernements européens, ne renfermait pas d'autre argument que les deux dont Retz s'était servi. On les reprenait dans ce manifeste à peu près tels qu'il les avait développés, et ce fut à l'aide de ces arguments que le gouvernement de Louis XIV revendiqua la Flandre, la Franche-Comté, et déclara la guerre à l'Espagne [2].

[1] Archives des Affaires étrangères, lettre du cardinal de Retz à M. de Lionne, 15 juin 1666.

[2] *Histoire de Louvois*, par M. Camille ROUSSET, vol. I, p. 99.

Ainsi, en 1667, on se servait à Versailles, pour faire la guerre, des arguments envoyés de Rome l'année précédente par le cardinal de Retz, comme, en 1662, dans l'affaire du duc de Créqui, on avait exigé du pape Alexandre VII la réparation que le même cardinal avait commandé aux ministres de Lionne et Le Tellier d'exiger, dans une consultation qui lui avait été adressée par eux. Mais nous ne voulons pas insister davantage sur cette supériorité diplomatique de Paul de Gondi. Nous ne lui savons que médiocrement gré d'avoir fourni au cabinet de Versailles de mauvaises raisons, dont on abusa pour verser le sang de tant de milliers d'innocents; et nous admirerions davantage son habileté si elle avait été plus conforme à la justice. Mais dans aucun temps la conscience et la politique n'ont marché ensemble. Pour déclarer la guerre, il suffit de trouver un prétexte; la raison du plus fort fait le reste, et elle est toujours la meilleure.

Pendant que Retz travaillait à rassembler les arguments à l'aide desquels la France pourrait, plus tard, revendiquer le royaume de Naples, on annonça à Rome que le sacré collége allait être prochainement réuni en consistoire pour délibérer sur « la résolution » de l'investiture en faveur de Charles II, l'héritier de la couronne d'Espagne. Le roi son père était mort depuis plus de dix mois; et les bulles des papes portaient expressément qu'à chaque nouveau règne, le serment d'investiture devait être prêté dans un délai de six mois. Mais, à Madrid, on était dans une indolence extrême; ni la régente ni ses ministres ne faisaient attention que l'Espagne était entourée de voisins jaloux, qui se partageaient d'avance ses dépouilles. Il suffisait d'un défaut de forme insigni-

fiant pour qu'on vînt lui chercher chicane, et d'une
consultation de juriste pour lui déclarer la guerre. L'in-
fortuné Charles II ne rencontrait auprès de lui que l'indifférence, le découragement et la mort. Il était mourant
lui-même, et déjà la succession de sa couronne était ouverte et l'objet entre les grandes puissances de l'Europe
de traités de partage dont on ne lui donnait même pas
connaissance.

Mais lorsque Retz apprit que l'on devait délibérer sur
l'investiture du royaume de Naples, il se trouva dans la
plus grande perplexité. Il ne savait comment faire. Fallait-il laisser renouveler en sa présence une investiture
directement contraire aux anciennes prétentions que la
couronne de France conservait sur le royaume de Naples?
Fallait-il s'absenter de la délibération ou protester en
plein consistoire avec les autres cardinaux de la faction
française, qui n'étaient qu'une infime minorité dans le
sacré collége? C'était s'exposer à être ridicule, d'autant
plus qu'il n'y avait aucun exemple d'une pareille conduite
depuis plus de cent ans. Le cas était des plus embarras-
sants. « Après avoir examiné à fond, écrivait-il, avec
M. l'abbé de Bourlemont, les moyens que nous avions
pour nous tirer de ce pas, nous n'y rencontrions que fort
peu d'ouverture, parce que tous les chemins particuliers
s'y trouvaient embarrassés par tant de circonstances
qu'ils nous paraissaient beaucoup moins utiles que dangereux. Quelle apparence de s'opposer à une investiture
que le pape est obligé par les bulles de ses prédécesseurs de donner au roi d'Espagne aussitôt qu'il la lui
demande ! Quelle contumace à des cardinaux de s'absenter d'un consistoire qui est intimé sur un sujet si

ordinaire et si peu contestable que nous en avons trois exemples différents dans notre siècle! Quelle conduite à ces mêmes cardinaux d'engager le nom du roi, non pas seulement sans son ordre, mais sans aucun exemple de ceux qui nous ont précédés, puisque nous n'avons pu trouver aucun vestige d'aucune opposition! Quel inconvénient d'agir au nom de la France contre une investiture qui peut demain donner au roi la couronne de Naples par la mort d'un enfant de quatre ans, malsain, pour n'en tirer aucun avantage que celui d'empêcher que l'on ne donne atteinte, au moins de notre consentement, à de vieux droits, dont il n'y a pas d'apparence que l'on ait occasion de se servir de si tôt, que l'on pourrait peut-être avoir de l'autre part! Et, sur le tout, quel rapport de l'avantage que le roi peut tirer de ses droits anciens à celui qu'il trouve dans une investiture qui, étant postérieure à la renonciation prétendue de la reine, contribue encore à l'invalider au moins à l'égard du royaume de Naples[1]! »

Après avoir pesé mûrement le pour et le contre, Retz prit le parti de voter avec les cardinaux de la faction française le renouvellement de l'investiture; mais tous, avant d'émettre leur vote, réservèrent par quelques paroles prononcées en plein consistoire les anciennes prétentions de la France sur le royaume de Naples. Cette protestation ne souleva pas d'opposition. Le cardinal Sforza lui-même, chargé par la cour de Madrid de demander l'investiture et de prêter, au nom du roi, le ser-

---

[1] Archives des Affaires étrangères, lettre du cardinal de Retz à M. de Lionne, 15 janvier 1666.

ment accoutumé, ne répondit pas un seul mot à Retz. Voici, du reste, comment le cardinal raconte cette séance du sacré collége, qui n'est pas sans analogie avec maintes séances du Parlement racontées dans les *Mémoires :* « M. le cardinal Barberini, qui parla le premier, opina en un mot au renouvellement de l'investiture avec les clauses ordinaires. M. le cardinal Antoine, qui s'étendit un peu plus, à cause de la charge de camerlingue, conclut de même, mais en réservant le droit du roi. M. le cardinal Sforza, qui opinait à deux ou trois places de lui, et qui est procureur du roi d'Espagne en ce fait particulier, releva légèrement cette réserve, en disant qu'il fallait se régler si justement à ce qui s'était fait autrefois en pareille occasion, qu'il ne serait même que mieux de ne pas écouter ce que l'on y pourrait dire de nouveau. J'opinai ensuite en ces termes : « *Censeo concedi posse* « *renovationem investituræ dummodo concedatur, salvis* « *juribus quæ competunt, iisque quæ quocumque tem-* « *pore competere possunt et poterunt regi christianis-* « *simo.* » A quoi M. le cardinal ne répliqua point, non plus qu'aux opinions de MM. les cardinaux Ursini, Maldachini et Mancini [1], qui parlèrent après au même sens que M. le cardinal Antoine et moi. Le cardinal Sforza eut raison de ne pas le faire, parce que dans le consistoire nous ne devons parler qu'à notre rang; mais ce qui me surprit fut qu'après que la délibération fut finie, il demeura encore dans le silence; car quoiqu'il pût bien juger que ce qu'il eût dit ne fût pas demeuré sans repartie, il

---

[1] Ces trois cardinaux étaient factionnaires de France avec le cardinal Antoine, frère du cardinal Barberini.

me semble qu'il avait quelque sujet de parler sur cette matière, sur laquelle la contestation ne pouvait presque naître sans lui donner au moins quelque espèce d'avantage, parce qu'elle eût encore donné plus de lieu au pape de trouver à redire à notre avis; car c'est beaucoup, à mon sens, qu'il nous ait laissé opiner comme nous avons fait sans nous interrompre, ayant autant de prétexte qu'il en avait. Je m'étais préparé dans cette vue à lui répondre avec respect et avec fermeté, et de tourner plutôt ma réponse sur la liberté du sacré collége que sur le fond de la question, pour ne point trop engager le nom du roi. Je ne me trouvai point dans cette peine, car Sa Sainteté ne fit que sourire lorsque je dis mon avis, et le reste du collége conclut ensuite, ou du bonnet ou en deux paroles, au renouvellement de l'investiture dans la forme ordinaire, ainsi que fit le pape, qui dit simplement qu'il passait à donner l'investiture avec les clauses accoutumées[1]. » Paul de Gondi ajoute ensuite qu'il sortit fort satisfait du consistoire, parce qu'il avait trouvé le moyen de mentionner et de réserver les anciennes prétentions de la couronne de France, sans nuire aux droits plus effectifs dont Sa Majesté Très-Chrétienne pouvait hériter du côté de la reine Marie-Thérèse par la mort du roi d'Espagne. Il avait pris une date qui pouvait un jour être d'une grande utilité; car, dit-il, « la réserve des droits du roi faite en présence du pape par un camerlingue peut être de grande considération pour les suites dans un pays où l'attachement que l'on a aux formalités fait que l'on

---

[1] Archives des Affaires étrangères, lettre du cardinal de Retz à M. de Lionne, 15 juin 1666.

observe assez souvent beaucoup plus les circonstances que la propre substance des affaires [1]». Le chef-d'œuvre, pour le cardinal, eût été de faire insérer sa protestation dans la bulle d'investiture. Mais comme il était assuré d'avance de n'avoir pas une seule voix dans tout le sacré collége, il garda le silence, de crainte qu'une pareille proposition produisît un effet directement opposé au but qu'il poursuivait. Plus tard, avant la guerre de la succession d'Espagne, du vivant de Charles II et sans sa participation, les grandes puissances de l'Europe firent deux partages de la monarchie espagnole; et la part assignée les deux fois à Louis XIV fut le royaume de Naples. Il est probable que pour obtenir ce royaume qui ne délimitait nulle part avec la France, les représentants de Sa Majesté Très-Chrétienne se servirent des arguments développés par Retz en 1666; ils étaient, du reste, les seuls à faire valoir, quelque contestables qu'ils fussent.

Nous nous sommes arrêtés sur cette petite question de politique, parce qu'elle nous montre que l'habileté de Paul de Gondi n'était pas moins consommée dans ces matières-là que dans les questions de théologie et de droit canonique. L'étendue et la souplesse de son esprit se prêtaient avec une égale facilité au maniement de toutes les affaires. Aussi à Rome, dans cette cour ecclésiastique, faisait-il une autre figure qu'un duc de Créqui et les grands seigneurs qui blessaient les Romains par leur insolence, leur hauteur, et qui,

---

[1] Archives des Affaires étrangères, lettre du cardinal de Retz à M. de Lionne, 15 juin 1666.

s'ils étaient bons soldats sur les champs de bataille, n'entendaient rien à la politique, et ignoraient trop souvent le fond des questions qu'ils avaient à traiter avec le saint-siége.

CHAPITRE IV

Dernières années d'Alexandre VII. — Tableau de la cour de Rome à ce
moment. — Intrigues qui se nouaient autour du pontife mourant.

Le cardinal de Retz était le véritable représentant de
la France auprès du saint-siége. Il faisait les fonctions
d'ambassadeur sans en avoir le titre. Notre chargé d'affaires, depuis le départ du duc de Créqui, M. l'abbé de
Bourlemont, n'agissait que par ses conseils; personne, du
reste, n'était mieux placé que Paul de Gondi pour tenir
le gouvernement de Versailles au courant de ce qui se
passait à Rome. Par ses relations et le prestige qu'il exerçait autour de lui, il était le premier à savoir les nouvelles,
et elles lui venaient des meilleures sources.

A son arrivée en 1665, il avait retrouvé les principaux
membres du sacré collége, avec lesquels il s'était lié
d'amitié dix ans auparavant, lorsqu'il était allé chercher
près du pape un asile contre la colère du roi et de Mazarin. C'était l'Escadron presque tout entier, et en particulier
le cardinal Albizzi, Italien comme lui, également rompu
aux affaires, mais dont l'esprit fin, aimable, distingué,
était déparé par trop de duplicité[1]; le cardinal Barberini,
l'opulent neveu d'Innocent VIII, pieux comme un ange[2],

[1] *Mémoires*, t. VI, p. 299.
[2] *Ibid.*, t. IV, p. 297.

4.*

ami fidèle et sûr chez qui Retz, en 1656, s'était réfugié à Grotta-Ferrata, lorsque Alexandre VII était le plus prévenu contre lui et le menaçait même du château Saint-Ange [1]. Enfin, c'était le prince Pamphili, neveu d'Innocent X, et qui avait rendu son chapeau de cardinal pour épouser la princesse Rossano. Paul de Gondi avait encore d'autres relations non moins distinguées. Nous le trouvons dans un commerce assidu avec quelques-uns des représentants des différents gouvernements de l'Europe. L'ambassadeur de Venise recherchait sa société avec empressement et lui prodiguait les démonstrations d'amitié; celui d'Espagne lui avait remis à son arrivée une lettre de félicitation de la part du roi son maître, et lui témoignait en toute occasion la plus grande déférence.

Mais il y avait deux personnages avec qui Retz vivait dans une plus grande et plus étroite intimité : c'étaient le cardinal Azzolini, « l'un des plus beaux et des plus faciles esprits du monde », dit-il dans ses *Mémoires* [2], et Christine de Suède, qu'il avait réussi, en 1655, à mettre dans ses intérêts. Ils étaient l'un et l'autre tombés en disgrâce auprès de Louis XIV, parce que, dans l'affaire du duc de Créqui, ils avaient pris parti pour le pape; et défense

---

[1] *Mémoires*, t. IV, p. 335 : « J'allai un mois ou cinq semaines à Grotta-Ferrata, qui est à quatre lieues de Rome. C'était autrefois le *Tusculum* de Cicéron, et c'est présentement une abbaye de l'ordre de Saint-Basile. Elle est à **M**. le cardinal Barberini. Le lieu est extrêmement agréable, et il ne me paraît pas même flatté en ce que son ancien seigneur en dit dans ses épîtres. Je m'y divertissais par la vue de ce qui y paraît encore de ce grand homme; les colonnes de marbre blanc qu'il fit apporter de Grèce pour son vestibule y soutiennent l'église des religieux, qui sont Italiens, mais qui font l'office en grec, et qui ont un chant particulier, même très-beau. »

[2] *Mémoires*, t. IV, p. 294.

avait été faite de les voir à Paul de Gondi, dont on connaissait l'amitié pour eux. L'habile cardinal se conforma
aux ordres qu'il avait reçus, et, à son arrivée à Rome, il
refusa de recevoir la visite d'Azzolini. Mais il parvint au
bout de quelque temps à le réconcilier, ainsi que la reine
de Suède, avec Louis XIV, et il put alors jouir tout à son
aise de leur société [1].

Le salon de Christine de Suède était le rendez-vous de
tout le sacré collége, de la plupart des ambassadeurs et
de l'élite de la société romaine; mais personne n'y était
mieux accueilli que Paul de Gondi [2], et il en tirait les
renseignements les plus précieux. La correspondance
avec M. de Lionne nous montre qu'il était au courant de
tout ce qui se passait dans les congrégations dont il ne
faisait pas partie, comme dans le saint office et dans les
conseils du pape les plus secrets. On y voit à découvert
et racontées avec une grâce et un esprit infini les petites
intrigues qui se nouaient et se dénouaient autour du pontife mourant, et les moyens que ses créatures employaient
pour s'assurer la direction du prochain conclave.

Avant d'entrer dans le détail, il convient de remarquer
que si le tableau de la cour romaine tracé par Retz est
fort triste, les traits, à coup sûr, n'en ont pas été flattés.
L'ancien frondeur n'aimait pas Alexandre VII, parce

[1] Voir l'Appendice, n° IV.

[2] Archives des Affaires étrangères. Retz nous apprend qu'il s'occupait, avec la reine de Suède, des œuvres littéraires qui paraissaient en
France; à la date du 16 février 1666, il écrivait à M. de Lionne : « J'oubliai, mardi passé, de vous remercier de la comédie d'Alexandre qui est
fort belle. La reine de Suède qui l'a admirée eut tant d'impatience de la
voir qu'elle me l'envoya demander devant que j'eusse eu le temps de la
lui porter. »

qu'au temps de son exil, il n'en avait pas reçu tout l'appui qu'il attendait, et il est fort possible qu'il y ait quelque exagération. Cependant ce tableau doit être vrai dans son ensemble, parce que le cardinal justifie presque toutes ses assertions par des faits; il est seulement sévère pour un vieillard affaibli par la maladie qui fut à bien des égards un grand pape; et il serait injuste de juger Alexandre VII avec la passion des contemporains et surtout des historiens français. Il fut un homme de progrès et un souverain éclairé. Sous son pontificat, Rome fut embellie et transformée. Il fit raser et rebâtir des quartiers entiers. Des rues nouvelles furent percées, des places construites, et tous ces travaux donnèrent une grande impulsion au commerce et à l'industrie. Mais les bienfaiteurs de leur pays sont rarement appréciés pendant leur vie. Il faut qu'ils attendent leur récompense de l'équitable postérité, et il y a bien peu de papes qui aient été aussi impopulaires qu'Alexandre VII.

Les lettres de Retz nous apprennent que dès le mois d'août 1665 jusqu'à sa mort, il fut presque constamment malade. Dans la collection des dépêches qui sont entre nos mains, il y en a peu qui ne se terminent par un bulletin de sa santé, et ce bulletin ne donne ordinairement que des renseignements très-incertains. Car Alexandre VII ne se montrait presque plus en public. On ne le voyait ni dans les cérémonies, ni dans les chapelles. Il restait caché au fond de son palais, ou bien il allait à Castel. Sa famille, ses proches et quelques cardinaux pouvaient seuls pénétrer jusqu'à lui. La plupart des membres du sacré collége n'y avaient aucun accès. Ils ignoraient aussi bien que le public l'état géné-

'ral de sa santé. Sa maladie et sa convalescence étaient également tenues secrètes. Il y avait autour du pontife une sorte de mystère qui l'enveloppait; ses conseillers intimes voulaient qu'il en fût ainsi, parce qu'ils craignaient que si le mal venait à faire du progrès, ou bien si la nouvelle se répandait que le pape était à l'extrémité, le peuple ne se portât à quelque violence ou à quelque voie de fait. On craignait qu'il n'envahît le Vatican, et ne se livrât au pillage, comme il fit effectivement à la mort de Sa Sainteté [1].

Pourquoi donc Alexandre VII était-il en butte à une si grande impopularité ? Parce que son pontificat, commencé par le désintéressement et l'abnégation, finissait dans le népotisme. En 1655, le choix du sacré collége s'était porté sur lui à cause de sa vertu et de sa piété. Les factions qui, comme toujours, divisaient le conclave furent vaincues par l'union des cardinaux de l'*Escadron,* indépendants de toute couronne et résolus à n'obéir qu'à leur conscience.

Fabio Chigi, devenu Alexandre VII, continua quelque temps à mener une vie pieuse et humble. Son exaltation, loin de lui inspirer de l'orgueil, semblait, au contraire, ne lui avoir donné que de la confusion. Pendant que l'on relisait le scrutin qui le faisait pape, il pleura à chaudes

---

[1] Archives des Affaires étrangères, lettre du cardinal de Retz à M. de Lionne, 14 août 1665 : « Je ne vous mande rien de l'indisposition du pape, que les uns ont traitée, depuis trois ou quatre jours, de maladie, et les autres de simple faiblesse d'estomac qui lui est assez ordinaire dans les grandes chaleurs. » Du même au même, 25 août 1665 : « Le pape se porte mieux... on dit même qu'il signera demain... c'est ce que l'on en sait; car les particularités de son mal ont été tenues si secrètes que l'on ne peut découvrir certainement aucun détail. »

larmes, et il dit au cardinal de Retz en l'embrassant : « Pardonnez cette faiblesse à un homme qui a toujours aimé ses proches avec tendresse et qui s'en voit séparé pour jamais [1]. » Il avait donc l'intention bien arrêtée d'abolir le népotisme. Mais il était faible, et sa famille ne pensait pas comme lui. Tous ses proches entendaient bien mettre à profit pour eux son élévation. Ils intriguaient, ils le circonvenaient pour se faire appeler à Rome (les Chigi étaient de Sienne) et placer dans des postes importants. Vaincu par tant d'importunités, le faible pontife consulta sur ce sujet le sacré collége, dont la réponse lui était connue d'avance. Il savait bien que des cardinaux dont la plupart devaient leur éclat et leur fortune au népotisme ne pourraient pas désapprouver sa conduite. Alexandre VII appela d'abord auprès de lui D. Mario, son frère, puis toute sa famille, qu'il combla d'honneurs et de richesses, et par là irrita contre lui les Romains. La ville, sous son pontificat, fut refaite en partie, comme nous l'avons dit plus haut ; elle fut décorée de belles places ; mais presque sur toutes s'élevait la façade d'un palais habité par un Chigi, et c'est d'Alexandre VII que datent la fortune et la puissance de cette famille à Rome. A l'année où nous sommes arrivé, c'est-à-dire en 1666, il était assailli par une armée de neveux, de proches, non encore pourvus, qui travaillaient avec une ardeur fébrile à lui arracher le plus possible, pour ne pas le laisser mourir avant d'être nantis.

Toutes ces compétitions et ces rivalités domestiques

[1] *Mémoires,* t. IV, p. 347.

sont dévoilées par Retz. Il y revient souvent dans ses lettres. Nous n'en citerons qu'une seule. Mais pour bien en saisir le détail, il est nécessaire de la faire précéder de quelques explications sur l'état de la maison Chigi à cette date.

D. Mario, frère d'Alexandre VII, avait trois enfants : Fabio, l'aîné, qui était cardinal patron ; D. Agostino, marié à la princesse Farnèse, sœur du cardinal du même nom, et une fille mariée à un seigneur italien, nommé Zandedari. D. Agostino avait un fils, D. Sigismond, dont on parlait pour le cardinalat et en faveur de qui il voulait que le cardinal et D. Mario fissent un majorat. Mais D. Mario et surtout Dona Bérénice, sa femme, avaient une très-grande affection pour les enfants de leur fille, et refusaient de les déshériter. Le pape venait d'appeler l'aîné à Rome, et l'on parlait sérieusement de le faire cardinal. Ces divisions intestines étaient la source d'une foule de cabales et d'intrigues dans lesquelles prenaient parti les amis et les créatures de la famille. « Les nuages, écrivait Retz, le 20 avril 1666, grossissent depuis quelques jours, et quoique la hauteur que Sa Sainteté a conservée à l'égard de ses proches les tienne dans la soumission et dans la crainte, je crois qu'elle aura besoin de toute son autorité pour éviter l'éclat, pour peu que les mécontentements domestiques y augmentent. D. Agostino, qui ne serait nullement établi, au moins à proportion du vol qu'il a pris, se plaint de ce que le cardinal et D. Mario ne font pas un *majorazzo* en faveur de son fils. Le pape le souhaite ; mais il y trouve de la résistance particulièrement dans l'esprit de Dona Bérénice, qui dit hautement qu'elle ne sait pas pourquoi elle serait obligée d'abandonner les Zandedari, qui sont enfants de sa fille, pour les intérêts de D. Agostino, qui n'a jamais assisté son oncle dans le temps qu'il avait du bien de son patrimoine et qu'il le pouvait faire sans s'incommoder..... Le prieur Bichi s'est uni plus étroitement qu'à l'ordinaire avec D. Agostino, en espérant, à ce que l'on prétend, de partager les créatures et la considération de la maison par le moyen de la promotion de D. Sigismond que l'on croit proche. Les éloges que le pape commence à donner à son esprit et à sa conduite, joints à la vue de cette promotion, ont obligé M. le cardinal Chigi de tenter une diversion de la tendresse du pape par le moyen du jeune Zandedari, petit-fils de D. Mario, qui est fort bien fait et qui plaira apparemment à Sa Sainteté par la douceur de son naturel. Elle l'a appelé à Rome à la prière très-instante de Dona Bérénice qui avait fait, il y a quelque temps, tous les efforts possibles pour obtenir la même grâce pour le père et la mère de cet enfant. Elle n'y put réussir, et s'en prit en quelque façon au cardinal son fils, parce qu'elle crut qu'il ne s'était pas employé avec assez de chaleur, pour se venger, ce furent les propres mots de cette dame, de ce qu'il croyait que D. Mario avait témoigné quelque radoucissement et quelque condescendance pour concourir à l'établissement de D. Agostino. Il est certain que le cardinal Chigi a eu quelquefois cette pensée ; mais il ne l'est pas moins qu'elle est sans aucun fondement, et que D. Mario a beaucoup plus d'inclination pour les Zandedari que pour D. Agostino. On a cru d'abord que la pensée du pape était de marier le jeune Zandedari à l'héritière du Rensi qui a cinq cent mille écus romains d'argent comptant. Je crois savoir de bon lieu qu'il n'en est rien, et qu'il est destiné à l'Église, comme je vous l'ai déjà mandé[1]. »

Ainsi le cardinal Chigi et son frère étaient divisés par des questions d'intérêt, et, dans l'entourage du pape, on prenait parti pour l'un ou pour l'autre, chacun selon ses inclinations. Le cardinal Chigi avait pour lui les cardinaux Farnèse et Nini, et D. Agostino, le prieur Bichi, qui espérait être prochainement cardinal et exercer, non sans raison, une grande influence dans le futur conclave[2]. Mais toutes ces divisions, qui avaient un fondement réel, n'étaient pas profondes, et elles étaient plutôt intéressées et politiques[3]. Les proches et les favoris

[1] Archives des Affaires étrangères, lettre du cardinal de Retz à M. de Lionne.

[2] *Ibid.*, lettre du même au même : « Le prieur Bichi se rend maître absolu de l'esprit de D. Agostino et de D. Sigismond, par le moyen duquel, s'il est cardinal (car on croit qu'il le sera dans peu de temps), il prétend, et non pas sans fondement, d'emporter, ou tout au moins de partager, les créatures et la considération du pontificat. »

[3] *Ibid.*, lettre du même au même, 3 août 1666 : « Ce que je vous ai mandé, il y a longtemps, de la disposition des créatures du pape, joint à beaucoup de circonstances que j'assemble, continuerait à me faire croire qu'il y a plus de feinte que de vérité en ces démêlés, si je n'étais presque convaincu du contraire par trois faits qui vous paraîtront, à mon avis, un peu trop forts pour n'être qu'un jeu. Mgr Ravizza se plaint, à qui veut l'entendre, qu'il a été empoisonné par M. le cardinal Nini, et qu'il ne s'est pu guérir de sa maladie que par les mêmes remèdes que l'on trouva il y a huit ou dix ans contre le poison appelé la *coeta*, qui fit tant de bruit à Rome en ce temps-là. M. le cardinal Celsi, que M. le cardinal Chigi veut certainement porter au pontificat, parle publiquement contre Nini d'une manière qui ne serait pas convenable, s'il le croyait encore dans les bonnes grâces du cardinal patron, auquel Celsi est uniquement attaché. Le troisième fait est si honteux... que je n'ose vous l'écrire, et je me suis contenté d'en rendre compte à M. l'ambassadeur. Sur le tout ils dînent et soupent ensemble, et ils se promènent tous les jours au cours dans le même carrosse. »

d'Alexandre VII donnaient à dessein de l'éclat et du retentissement à des querelles de rien. Souvent même ces querelles n'étaient qu'une feinte, qu'une dissimulation pour donner le change à l'opinion publique; ils en profitaient pour rallier autour d'eux les cardinaux attachés à Sa Sainteté, et en former une grande faction qui fût au prochain conclave maîtresse du pontificat et pût y élever un de ses membres[1]. Leur ambition avait d'ailleurs un puissant auxiliaire dans la conduite d'Alexandre VII. Depuis douze ans qu'il était pape, il avait en partie renouvelé le sacré collége, et son choix s'était constamment porté sur des hommes dévoués à sa personne et à sa famille, sans avoir aucun égard aux plaintes et aux sollicitations des couronnes.

Ainsi, au commencement de l'année 1666, il y avait dix chapeaux à donner, et l'on croyait que dans la prochaine promotion une grande place serait faite aux cardinaux nationaux. Ces nominations empruntaient aux circonstances une importance exceptionnelle; car Alexandre VII

---

[1] Archives des Affaires étrangères, lettre du cardinal de Retz à M. de Lionne, 10 août 1666 : « Je ne me dédis pas absolument de ce que je vous écrivis, il y a huit jours, sur l'état où MM. les cardinaux Chigi et Nini sont ensemble. Car il est certain qu'il y a eu rupture ; mais il n'est pas moins vrai qu'il y a des raccommodements de temps en temps, et que tant que ces raccordements durent, ils concourent l'un et l'autre à se servir de l'éclat que leur division fait dans le monde, pour ramener des créatures du pape, et pour leur faire voir que Nini n'a pas tout le pouvoir que l'on aurait cru. Le dernier dit avant-hier au père Catanco, jésuite secret du père Oliva, qu'il était absolument perdu dans l'esprit du cardinal patron, et il le lui prouva par un fait, que je sais certainement être faux, et que lui-même ne peut croire véritable. Ce qui, joint à plusieurs autres remarques, me fait voir que, bien qu'assurément il y ait de la réalité et du fondement en ce qui se croit de leur division, il y a aussi quelquefois de l'art et du dessein en ce qui s'en dit. »

était accablé par la maladie. Ses jours étaient comptés, et sa mort ne pouvait être bien éloignée. Or, si l'on élevait à la pourpre quelques-uns des candidats présentés par les couronnes, et choisis ordinairement dans les rangs de la noblesse la plus distinguée, ces nouveaux cardinaux pourraient exercer une grande influence dans le prochain conclave en faveur des gouvernements qui les auraient fait nommer. Les grandes puissances le comprenaient fort bien, et chacune d'elles avait son candidat, pour lequel elle sollicitait Sa Sainteté.

La promotion, si impatiemment attendue, eut lieu le 15 février. Six cardinaux furent nommés, et parmi eux il n'y eut pas un seul cardinal national : ce fut une déception complète. « Il y eut hier, écrivait le cardinal de Retz le lendemain, il y eut hier consistoire, où M. Litta, archevêque de Milan ; Orsini, trésorier ; Paluzzi, auditeur de la Chambre ; Nini, maggiordome ; Conti, gouverneur de Rome, et Rasponi, furent faits cardinaux. Le pape se réserve *in petto* les quatre autres places vacantes, dont on a été ici assez surpris [1]. »

Cette promotion produisit un grand mécontentement parmi les ambassadeurs. Celui d'Espagne, qui était sur le point de partir pour Naples, où il était nommé vice-roi, fit retentir Rome de ses plaintes et de ses récriminations. Il prétendait que le pape avait manqué à la promesse qu'il lui avait faite de ne pas faire de promotion sans y donner une place aux candidats des couronnes [2].

---

[1] Archives des Affaires étrangères, lettre du cardinal de Retz à M. de Lionne, 16 février 1666.

[2] *Ibid.*, lettre du même au même, 16 février 1666. Voyez l'Appendice, n° V.

A Vienne, on se montrait un peu plus calme. Le gouvernement manquait d'une main ferme, et l'on s'inquiétait assez peu de ce qui concernait Rome. Mais on jugera sans peine de l'exaspération de l'évêque de Salzbourg, qui se croyait si assuré de sa nomination que, quelque temps avant la promotion du 15 février, il avait dit au cardinal de Hesse qu'il serait plus tôt que lui à Rome; et il avait fait faire pour ce voyage un superbe équipage, tant il se croyait certain d'être cardinal [1].

[1] Archives des Affaires étrangères, lettre du cardinal de Retz à M. de Lionne, 13 avril 1666.

CHAPITRE V

M. le duc de Chaulnes fut nommé, en 1665, ambassadeur à Rome, en remplacement du duc de Créqui, rappelé sur ses instances réitérées [1] ; mais il ne se pressa pas d'aller prendre possession de son poste. Il passa l'hiver à Paris, et ne se rendit à Rome qu'au commencement de l'été suivant. Retz fut à sa rencontre avec les cardinaux de la faction française. C'est lui-même qui nous l'apprend dans une de ses dépêches. « Nous allâmes, écrivait-il le 22 juin

[1] Archives des Affaires étrangères, lettre du cardinal de Retz à M. de Lionne, 3 novembre 1665 : « Quoique M. le duc de Chaulnes ne me fasse assurément que justice d'être persuadé, comme il est, que j'ai une extrême joie du choix que le roi a fait de sa personne pour l'ambassade à Rome, je ne laisse pas de lui en être très-obligé et de recevoir avec toute la reconnaissance que je dois ce que vous avez eu la bonté de me mander de ses sentiments sur mon sujet. Je suis trop attaché au service de Sa Majesté, pour ne pas prendre une part très-sensible à sa nomination, que j'y sais être très-utile. J'oserais même prendre la liberté de vous dire que selon le peu de connaissance que j'ai de cette cour, le roi ne pouvait, à mon opinion, jeter les yeux sur personne qui y pût servir Sa Majesté avec plus de capacité et de dignité.

« J'espère que vous me ferez bien la grâce de ne pas douter que l'alliance qu'il a avec vous augmente encore, dans mon esprit, les sentiments que je lui dois, et pour son mérite, et pour les dispositions qu'il me fait l'honneur d'avoir pour moi. »

4666, nous allâmes la nuit de mercredi à jeudi à la Grotta, qui est à huit milles de Rome, au-devant de M. l'ambassadeur, MM. les cardinaux Antoine, Ursini, Maldachini et moi. M. le cardinal Mancini ne s'y put trouver, à cause de son indisposition [1]. »

L'arrivée de M. le duc de Chaulnes était la délivrance de Retz.

En effet, la mission pour laquelle le cardinal avait été envoyé auprès du saint-siége était terminée depuis plusieurs mois ; et comme l'air de Rome était très-préjudiciable à sa santé, qu'il souffrait beaucoup des yeux, et avait même été obligé, à diverses reprises, et notamment dans l'automne de 4665, d'aller passer quelque temps à la campagne [2], il avait hâte de revenir à Commercy pour se donner le repos et les soins dont il avait besoin. Mais sa présence à Rome était une garantie pour Louis XIV. Le roi avait une grande confiance en son habileté, en son dévouement, et il ne lui donna son congé qu'au départ de M. le duc de Chaulnes pour se rendre à son poste.

En recevant la dépêche qui le rendait libre de quitter l'Italie et lui permettait de regagner sa solitude, le cardinal ne put contenir sa joie. Il la laisse éclater dans une lettre adressée à M. de Lionne, qu'on nous permettra de

---

[1] Archives des Affaires étrangères, lettre du cardinal de Retz à M. de Lionne.

[2] *Ibid.*, lettre du même au même, 43 octobre 4665 : « J'avais toujours espéré que la fin des chaleurs pourrait donner quelque soulagement à une fluxion assez fâcheuse que j'ai sur les yeux ; mais je trouve, par expérience, que l'automne n'y est pas moins contraire que l'été, et l'on m'a conseillé d'en aller passer les premières humidités à Tivoli. »

reproduire en partie, parce qu'elle nous montre combien l'ancien chef de la Fronde était devenu un sujet fidèle, et quel était son enthousiasme pour Louis XIV, au nom duquel il avait été autrefois arrêté, et qui l'avait laissé languir huit ans dans l'exil. Après avoir déclaré, en commençant, combien il était touché et reconnaissant de la faveur qui venait de lui être accordée, il ajoute : « S'il n'avait plu à Sa Majesté de m'ouvrir la bouche sur les incommodités que l'air de ce pays me fait ressentir, je les aurais souffertes jusques à la dernière extrémité, et je serais demeuré dans un silence qui m'aurait au moins fait trouver, dans la ruine de ma santé, la satisfaction de donner au roi la marque la plus sensible de ma soumission et de mon obéissance. Mais comme j'ai lieu de croire, par ce que vous me faites la grâce de m'en témoigner, que Sa Majesté n'a pas désagréable que je pense aux soulagements qui peuvent au moins retarder les extrêmes inconvénients, que j'ai sujet d'appréhender, d'une fluxion que j'ai sur les yeux, et qui est devenue continuelle..., vous jugez bien, Monsieur, qu'il ne se peut que je ne sois sensible, au delà de tout ce que je vous puis dire, à la bonté que Sa Majesté veut bien avoir pour moi, et que je ne la considère, jusques au dernier soupir, comme une grâce qui me conservera la vue, et qui m'est, sans comparaison, plus précieuse que la vue même. Comme je n'estimerai pourtant jamais ni l'une ni l'autre à l'égal de ce qui touche le moins du monde le service du roi, il sera toujours la seule règle, même de mes désirs, et la juste impatience que j'ai de trouver quelque soulagement à mon mal ne me fera rien omettre des préalables qui peuvent faire connaître à Sa Majesté, autant

que ma faiblesse me le permet, que je ne considérerai
jamais ma santé que pour être plus en état d'employer
toute ma vie à son service [1]. »

Retz prolongea de plusieurs mois son séjour à Rome,
après l'arrivée de M. le duc de Chaulnes, et il consacra ce
temps à le mettre au courant de la cour pontificale, ou,
comme il le dit dans son langage, « à porter à M. l'ambassadeur le peu d'habitudes que ses différents voyages
lui avaient données [2] ». D'ailleurs, il était aisé de faire
bien accueillir M. le duc de Chaulnes. Il avait l'heureuse fortune de succéder à un ambassadeur impopu-
laire, dont l'orgueil et l'insolence avaient révolté les
Romains. Les esprits lui étaient gagnés d'avance, et il
n'eut qu'à répondre aux sympathies qui éclatèrent dès
qu'il eut fait son entrée à Rome. Retz constate, dans plusieurs dépêches, ces dispositions favorables et bienveillantes : « Je me crois obligé de vous dire, pour la vérité,
écrivait-il à M. de Lionne, que bien que M. l'ambassadeur
n'ait pas encore paru en public, il ne laisse pas d'avoir
déjà beaucoup d'approbation à Rome, de ceux mêmes qui
ne l'ont vu qu'en passant. Ils ont tous remarqué sa *desin-
voltura*. Vous connaissez la force de ce mot: il comprend
trois ou quatre qualités qui, comme vous savez mieux
que moi, ne sont pas les moins nécessaires pour la pratique de cette cour [3]. » Dans une autre dépêche, le même
cardinal insiste sur le progrès que M. le duc de Chaulnes
faisait dans l'esprit des Romains : « Vous ne sauriez vous

[1] Archives des Affaires étrangères, lettre du cardinal de Retz à M. de
Lionne, du 25 mai 1666.

[2] *Ibid.,* lettre du même au même, 13 juillet 1666.

[3] *Ibid.,* lettre du même au même, 22 juin 1666.

imaginer, monsieur, à quel point la réputation de M. l'ambassadeur s'est établie, ou plutôt confirmée, par sa conduite tout égale et tout élevée [1]. »

La sympathie et la bienveillance universelles étaient acquises à M. le duc de Chaulnes. On avait confiance en lui. Il ne s'agissait plus que de mettre à profit ces bons sentiments et de faire pencher les cardinaux vers la France.

Le sacré collége, depuis l'élection d'Alexandre VII, avait subi de grands changements. La mort avait fait dans ses rangs des vides nombreux. Il avait été en partie renouvelé. Des factions puissantes avaient disparu, d'autres étaient considérablement amoindries. Au conclave de 1655, la plus forte de toutes était la faction d'Espagne, et elle se trouvait réduite à deux cardinaux, qui n'étaient pas même d'accord ensemble [2]. Celle de Médicis n'existait plus faute de chef, depuis la mort des deux cardinaux de Médicis, qui la dirigeaient. Mais il s'en était formé une nouvelle plus puissante que n'avait été celle d'Espagne. C'était la faction Chigi. L'Escadron s'était également fortifié. Beaucoup de cardinaux des factions dissoutes étaient allés à lui, et il était plus nombreux et plus uni que jamais [3]. Tout faisait présager que,

---

[1] Archives des Affaires étrangères, lettre du cardinal de Retz à M. de Lionne, 3 août 1666.

[2] *Ibid.*, lettre du même au même, 3 août 1666 : « La faction d'Espagne n'a plus de force ni de vigueur à Rome que celles que Naples et Milan lui laissent comme en dépit des égarements de ses ministres. » Du même au même, 22 août 1666 : « MM. les cardinaux Sforza et Raggi, qui sont les deux seuls factionnaires d'Espagne déclarés, au moins de ceux qui sont présentement en cette cour, sont brouillés au dernier point. »

[3] *Ibid.*, lettre du même au même, 3 août 1666.

dans le futur conclave, il aurait une grande influence.

Retz en avait fait partie en 1655, et y avait conservé les meilleures relations. Avant de partir de Rome, il voulut établir entre M. le duc de Chaulnes et ces cardinaux une union étroite, jugeant que la France ne pouvait porter au pontificat un pape qui lui fût agréable que par l'intermédiaire de l'Escadron. « J'y ai quelques amis, écrivait-il, et j'avoue que j'aurais toujours beaucoup de joie de leur pouvoir procurer, autant qu'il serait en moi, la gloire et l'avantage de servir le roi en quelque rencontre... Je sais bien que l'on ne peut pas espérer que les cardinaux entrent dans tous ses intérêts en général, vu l'indépendance des couronnes qu'ils professent, et l'attachement au saint-siége, dont je ne crois pas qu'ils se départent jamais. Mais il n'est pas moins vrai que ces qualités, qui restreignent d'un côté ce que l'on peut attendre de leur bonne intelligence avec M. l'ambassadeur, leur donnent, d'autre part, un caractère qui les met en état d'agir avec beaucoup plus de force, plus de dignité et plus d'effet dans les occasions où ils trouveront leur intérêt et leur devoir d'accord avec le service de Sa Majesté [1]. »

Pour établir une alliance solide entre le gouvernement de Versailles et les cardinaux de l'Escadron, Retz leur témoigna, de la part de M. le duc de Chaulnes, que Sa Maejsté Très-Chrétienne les avait en haute estime, et que, dans le prochain conclave, elle appuierait volontiers les sujets qu'ils jugeraient dignes du pontificat. Mais comme l'Escadron n'était composé que de cardinaux encore jeunes, il n'était pas probable qu'ils eussent des-

---

[1] Archives des Affaires étrangères, lettre du cardinal de Retz à M. de Lionne, 3 août 1666.

sein de choisir parmi eux le successeur d'Alexandre VII;
par ses avances, Retz les mettait en quelque sorte dans
la nécessité de servir, par reconnaissance, la politique et
les intérêts de la France. Son attente ne fut pas trompée.
L'ambassadeur, sous ses auspices, entra en relation avec
les principaux membres de l'Escadron. Il eut des entrevues avec Azzolini, Imperiali, récemment réintégrés dans
les bonnes grâces de Louis XIV. Il en eut avec quelques
autres encore, et ces entrevues amicales et bienveillantes
de part et d'autre devinrent les préliminaires de l'union
que l'habileté de Retz acheva, comme nous le verrons
plus loin, dès les premiers jours du conclave [1].

Du reste, l'ambassadeur de France et le cardinal n'é-
taient par les seuls à se préoccuper du successeur
d'Alexandre VII. La mort pouvait d'un moment à l'autre
rendre le siége pontifical vacant. On commençait à faire
circuler les noms qui avaient des chances de réunir des
suffrages pour la papauté [2], et au milieu de ces préoccupations, on s'entretenait beaucoup des quatre chapeaux
qui restaient à donner. On s'attendait à une promotion
prochaine, et elle était l'objet des conjectures et des commentaires les plus contradictoires et les plus passionnés,
parce qu'elle pouvait modifier les forces relatives des différentes factions. Les uns prétendaient que le pape avait

---

[1] Archives des Affaires étrangères, lettre du cardinal de Retz à M. de
Lionne, 3 août 1666.

[2] *Ibid.*, lettre du même au même, 24 août 1666 : « Je sais de lieu
très-assuré que le marquis de la Fuenta a écrit ici au marquis de Mathei,
qui a fait voir au palais sa lettre, que la France prend très-peu de part
à tout ce qui regarde la promotion. J'en avertis M. l'ambassadeur à l'instant que je l'eus appris, aussi bien que d'un projet très-secret qui commence à se former dans cette cour. » Voyez l'Appendice VI.

l'intention de nommer cardinaux son petit-neveu, D. Sigismond et le prieur Bichi, dont nous avons parlé plus haut.
Le père Nitard, confesseur de la reine d'Espagne, et je ne
sais quel prince de Toscane, qui devait reconstituer la
faction de Médicis, figuraient aussi sur la liste. Les ambassadeurs des grandes puissances réclamaient au nom de
leur gouvernement, et disaient bien haut que la promotion devait être faite en faveur des couronnes. C'était
une réparation et une justice, parce que jusque-là
Alexandre VII n'avait fait que très-peu de place aux cardinaux nationaux; car sur vingt-six nominations, trois
seulement avaient été faites sur la présentation des puissances catholiques. Les récriminations prirent même de
telles proportions que le cardinal Pallavicini crut devoir
composer un écrit pour justifier la conduite du saint-siége.
Retz eut connaissance de cet écrit, sans doute, par l'in-
fidélité de quelque domestique, avant qu'il fût publié, et
il se hâta d'y faire une réponse [1]. Nous avons cette réponse
entre les mains, et l'on nous permettra d'en donner une
analyse un peu détaillée, parce qu'elle résume les cri-
tiques et les accusations que les mécontents élevaient
contre le pontificat d'Alexandre VII.

Le cardinal établit en commençant que, d'après le
concile de Trente, le sacré collége doit être composé de

[1] Archives des Affaires étrangères, lettre du cardinal de Retz à M. de
Lionne, 31 août 1666 : « Comme je sais que M. le cardinal Pallavicini
travaille à un ouvrage qu'il prétend devoir être fort curieux et fort
décisif, pour justifier la conduite que le pape tient à l'égard des couronnes touchant la promotion, et comme j'ai même pénétré par avance
les fondements sur lesquels il l'appuie, j'ai cru qu'il était de mon devoir
d'y répondre devant mon départ, sans nommer ni marquer M. le cardinal
Pallavicini. Je mettrai demain ce petit mémoire entre les mains de
M. l'ambassadeur, qui l'emploiera comme il le jugera à propos. »

toutes les nations, parce qu'il convient que toutes « entrent dans un corps qui élit, par un droit universellement
reçu dans l'Église. le chef spirituel de toutes ces nations,
et d'où ce même chef est pour l'ordinaire tiré par
une coutume qui depuis des siècles n'est guère moins
établie ». Puis après avoir démontré par un tableau com-
paré des nominations faites sous les principaux pontifi-
cats, depuis Martin V jusqu'à Alexandre VII, que le sacré
collége a toujours été composé pour un tiers ou au moins
un quart de cardinaux nationaux, il ajoute que l'Église
et les princes n'ont pas laissé de faire de grandes plaintes
des promotions mêmes où ce nombre avait été observé.
« Qui ne sait, dit-il, par exemple, le bruit qui s'éleva
sur cette matière sous Pie II, parce qu'il n'avait promu
que cinq nationaux sur quatorze cardinaux qu'il avait
créés? Qui ignore la mauvaise satisfaction que tous les
rois firent connaître de la conduite de Léon X sur le
même sujet? Qui n'a point lu ce qui se passa au temps
du concile de Trente, touchant le même point à l'égard
de Jules III et de Jules IV? D'où il s'en est suivi clairement que les papes qui se sont le moins éloignés de la
juste proportion qui est ordonnée par les conciles et par
la discipline de l'Église en ont toujours reçu des éloges,
et que ceux d'entre eux qui ne l'ont pas observée ne se
sont attiré que des reproches. Ce qui, ayant été très-judi-
cieusement remarqué par Sixte V, obligea ce grand pontife d'en renouveler la mémoire à ses successeurs d'une
manière qui leur fît connaître qu'ils ne pouvaient jamais se
dispenser de cette règle, sans contrevenir expressément
aux décrets du concile de Trente. Et ce même pape, en
donnant la raison pour laquelle il fixe le nombre des cardi-

naux à soixante-douze, s'explique ainsi : « *Ut juxta gene-*
« *ralis concilii Tridentini decretum omnium christiana-*
« *rum nationum ratio habeatur.* » Qui est l'homme de
bon sens qui n'infère, par une conséquence infaillible de
cette clause, que, selon la pensée de Sixte, il serait à
propos de restreindre ce nombre, si l'on n'y observait
avec exactitude la juste proportion qui est due aux
nations ? »

Ainsi le tiers ou au moins le quart des membres du
sacré collége doivent être choisis parmi les nations chrétiennes. Les décrets des conciles et la tradition religieusement observée par les meilleurs et les plus grands
papes le prouvent surabondamment. Mais, en 1666, il
ne restait plus dans le sacré collége que trois cardinaux
nationaux [1]. Il fallait donc absolument accorder aux
sujets présentés par les couronnes les quatre chapeaux
qu'Alexandre VII, dans la promotion du mois de février,
avait réservés *in petto.*

Les trois grandes puissances de l'Europe avaient chacune leur candidat. La France présentait le duc de Mercœur; l'Espagne, le duc de Montalte, et l'Autriche, l'archevêque de Salzbourg. Retz ne craignait pas d'affirmer
qu'Alexandre VII était obligé de faire droit aux instances
de ces puissances. « S'il y balançait, dans la conjecture
présente, disait-il, dans laquelle il n'y a personne qui ne
convienne que les intérêts de l'Église demandent, par
une infinité de raisons, que l'on satisfasse les princes,
quelles considérations pourrait-on alléguer, ou plutôt de

[1] Archives des Affaires étrangères, lettre du cardinal de Retz à M. de
Lionne.

quel prétexte se pourrait-on couvrir pour justifier cette irrésolution ? Que répondrait-on aux Romains mêmes qui demanderaient pourquoi l'on observe religieusement de mettre dans la rote, qui n'est qu'un tribunal de matières légales, quatre auditeurs nationaux, quoiqu'il n'y en ait que douze en tout, et qui s'étonneraient avec raison que de tout un collége, que l'on peut appeler le Sénat chrétien, il n'y eût que la dix-huitième partie qui fût nationale? Que répondrait-on à ces mêmes Romains qui voient, à toutes les promotions, passer de la camera au consistoire deux ou trois officiers d'un corps dont les charges sont vénales, et qui n'est composé que de quatorze personnes? Que répondrait-on aux réflexions que ces spéculatifs pourraient faire sur la préférence qu'il semble que l'on donne à ces sortes de gens au préjudice de tant de grands évêques illustres par leur naissance, recommandables pour leur savoir, fameux par leur sainteté et dont la réputation, présente à nos yeux, rappelle la mémoire de Thomas de Villeneuve et de François de Sales, à la canonisation desquels il n'y a point de cardinal qui puisse penser, sans avoir du regret que ces grands hommes n'aient pas sanctifié la pourpre dans le cours de leur vie? Que répondrait-on à ceux qui remarqueraient que les villes de Sienne et de Gênes ont chacune plus de cardinaux que tout le reste des nations chrétiennes? Et n'est-il pas vrai que Sa Sainteté a grand intérêt de faire connaître à toute la terre que cette préférence si notable et si sensible de deux villes médiocres n'est ni la suite de l'attachement à la chair et au sang, ni l'effet d'une passion trop basse, pour pouvoir tomber dans un esprit aussi grand et aussi élevé que le sien? Enfin que répondrait-on à ces politiques qui veulent s'imaginer que l'éloignement de la promotion pour les couronnes n'est causé que par le dessein de réduire toutes les forces du conclave à la seule faction de Chigi, et de faire en faveur d'une seule famille une espèce de *juspatronat* du vicariat de Jésus-Christ [1] ? »

La réponse de Retz au cardinal Pallavicini, à en juger par les passages que nous venons de citer, était un réquisitoire passionné, écrit dans le style des pamphlets dont il avait autrefois inondé Paris. Après l'avoir remise entre les mains de M. le duc de Chaulnes, il fit ses derniers préparatifs de voyage. On touchait à la fin d'août, et quelques semaines auparavant il avait annoncé, pour les premiers jours de septembre, son départ [2]. Dans cet intervalle, le pape eut plusieurs crises dangereuses. Plusieurs fois il fut à toute extrémité. Sa mort pouvait être prochaine, et Retz regrettait d'avoir rendu publique son intention d'aller rétablir sa santé à Commercy. Mais ses visites d'adieu étaient presque achevées; .

---

[1] La promotion des quatre cardinaux réservés *in petto* eut lieu peu de temps avant la mort d'Alexandre VII, en faveur d'Altieri, qui fut élu pape en 1667, du prince Mathias de Toscane, du père Nitard, confesseur de la reine d'Espagne, et du prince de Mercœur, proposé par la France. Ainsi les vœux de Retz furent exaucés à demi.

[2] Archives des Affaires étrangères, lettre du cardinal de Retz à M. de Lionne, 24 août 1666 : « Je fais état de partir le 4 septembre. » 31 août : « Bien qu'il y ait beaucoup d'apparences que le mal du pape tirera assez en longueur, pour m'accabler moi-même, si j'en attendais ici la fin, l'appréhension que j'ai de perdre le moindre moment de ceux que je pourrais employer au service du roi ferait que je n'y balancerais pas un moment, si la déclaration que j'ai faite, il y a cinq ou six semaines, de mon voyage, n'avait obligé l'ambassadeur, aussi bien que moi, de croire qu'il y aurait trop d'inconvénients à le différer. »

il avait pris congé du sacré collége, il ne voulut pas renvoyer son voyage, de peur que Sa Sainteté s'en affectât. Alexandre VII avait eu, un peu auparavant, une crise très-grave, et il avait été « touché » de ce qu'elle n'avait pas empêché le cardinal de continuer ses préparatifs de départ. Il avait même dit qu'il se sentirait toujours obligé à ceux « *qui non ita desperarent de republica* [1] ». Retz avait été flatté de ces paroles, et il ne voulait pas leur donner un démenti.

Il partit donc le 16 septembre de Rome. C'est une lettre adressée ce jour-là même à M. de Lionne qui nous l'apprend. « J'ai trop reçu, lui disait le cardinal, de marques de la bonté que vous avez pour moi, depuis que je suis à Rome, pour en sortir sans vous en témoigner au moins ma reconnaissance, et vous supplier d'être persuadé que je ne la perdrai jamais qu'avec la vie... Je pars cette nuit, et j'espère que je serai mercredi au plus tard à Florence d'où je fais état de vous écrire [2]. » Comme Retz ne quittait Rome que pour n'avoir pas l'air, en différant son voyage, d'attendre la mort du pape, il devait traverser lentement l'Italie et rester en correspondance suivie avec M. le duc de Chaulnes. Par ce moyen, il lui serait aisé, si Sa Sainteté venait à mourir, d'être de retour pour l'ouverture du conclave. Nous ignorons si de Florence il écrivit à M. de Lionne, comme il le lui avait promis [3]. Mais nous savons qu'il avait à peine fait

---

[1] Archives des Affaires étrangères, lettre du cardinal de Retz à M. de Lionne, 10 août 1666.

[2] *Ibid.*, lettre du même au même, 16 septembre 1666.

[3] Nous avons vu plus haut que Retz avait annoncé à M. de Lionne qu'il lui écrirait de Florence. Mais nous n'avons trouvé aucune lettre datée de cette ville, dans le dépôt des Archives des Affaires étrangères.

quelques journées de marche, lorsqu'une lettre lui annonça qu'Alexandre VII avait eu une rechute. Il s'arrêta à Camaïora, dans les environs de la ville de Lucques, pour en attendre l'issue. Il y passa quelque temps, sous prétexte de se reposer et de soigner sa santé, et il en repartit vers le milieu d'octobre, à la réception d'une dépêche de M. le duc de Chaulnes qui lui apprenait que la santé du saint-père était complétement rétablie. « M. l'ambassadeur, disait-il dans une lettre adressée à M. de Lionne, M. l'ambassadeur m'écrit que le pape lui a donné audience, qu'il a paru en public, qu'il s'est promené dans Saint-Pierre assez longtemps à pied, et que je ne dois faire aucune difficulté de continuer mon voyage. M. de Bourlemont me mande que Sa Sainteté n'a jamais eu si bon visage, et je vois par beaucoup de lettres de Rome et de Florence que, si l'on croit le bruit public, il y a eu dans la dernière rechute beaucoup plus d'affectation que de réalité. Je pars d'ici demain au matin, pour passer les montagnes, s'il m'est possible, devant les grandes neiges [1]. » Cette fois le cardinal n'interrompit plus son voyage, et il arriva dans les premiers jours de novembre à Commercy [2].

La mission pour laquelle il avait été envoyé à Rome était terminée à la gloire de la religion et du gouvernement de Louis XIV. Chargé de traiter le différend de la Sorbonne et du Parlement avec le saint-siége, il avait

---

[1] Archives des Affaires étrangères, lettre du cardinal de Retz à M. de Lionne, 13 octobre 1666.

[2] *Ibid.* Le 27 octobre, le cardinal écrivait à M. de Lionne, de Bâle, et le 5 novembre, il lui écrivait de Commercy. Il y était donc arrivé du 1er au 4.

trouvé, en arrivant, le pape dans la plus grande irritation. M. le duc de Créqui, rappelé sur ses instances, n'avait laissé après lui dans la cour pontificale que la défiance et le mécontentement. La France était sur le bord du schisme. Elle était menacée de l'interdit. On parlait même d'un monitoire que le nonce de Paris avait entre les mains, pour la déclarer tombée dans l'hérésie. Par son habileté, sa sagesse et sa parfaite connaissance du caractère d'Alexandre VII, l'ancien chef de la Fronde accommoda ou plutôt enterra le différend et réconcilia le pontife avec Louis XIV. Dans les congrégations, il conduisit et soutint avec succès un grand nombre d'affaires importantes et délicates dont il avait été chargé par des évêques et des congrégations religieuses. Il mit même la main à la politique, et nous avons vu qu'en 1666 il revendiquait le royaume de Naples, en s'appuyant sur les mêmes arguments que M. de Lionne faisait valoir dans le fameux manifeste adressé l'année suivante aux puissances de l'Europe, touchant la succession d'Espagne. Enfin, avant de quitter Rome, toutes les mesures avaient été prises et concertées avec l'ambassadeur, pour faire élire au prochain conclave un pape agréable à la France, avec qui Louis XIV pût régler à l'amiable les affaires restées pendantes sous le pontificat d'Alexandre VII, et nous verrons que ces mesures furent couronnées d'un succès complet.

DEUXIÈME PARTIE

LE CARDINAL DE RETZ ET LES CONCLAVES.

CHAPITRE PREMIER

Conclave de 1667. — Élection de Clément IX. — Paix de l'Église.
— Conduite du cardinal de Retz.

Le cardinal de Retz était fatigué, malade et épuisé par
vingt mois de séjour en Italie dont l'air était tout à fait
contraire à son tempérament. Il était heureux d'être de
retour dans sa principauté de Lorraine, au milieu de ses
vassaux, dans ce château de Commercy qu'il avait fait
magnifiquement restaurer et richement meubler. Mais il
en fut bientôt arraché de nouveau. Dès son arrivée, il
avait annoncé que, aussitôt que sa santé serait remise, il
irait assurer « Sa Majesté de ses très-humbles obéissances [1] ». Nous n'avons pas pu découvrir de documents
pour fixer d'une façon précise la date de ce voyage à la

---

[1] Archives des Affaires étrangères, lettre du cardinal de Retz au roi,
17 décembre 1656. Après avoir demandé à Sa Majesté la pension dont
elle gratifiait les cardinaux de sa nomination, il ajoutait : « Je travaille à

cour. Mais il nous paraît certain qu'il eut lieu dans le courant du mois de février ou mars 1667. En effet, une lettre du cardinal nous apprend qu'il était le 12 avril à Aix en Provence avec M. le cardinal Grimaldi et le cardinal de Vendôme, pour se rendre à Rome [1]. Des nouvelles alarmantes de la santé du pape étaient arrivées quelque temps auparavant à Versailles. Il faut donc supposer que Gondi s'y trouvait en ce moment-là, et pour arriver avant l'ouverture du conclave, il partit immédiatement en prenant la route du midi de la France. S'il avait été en Lorraine, il est évident qu'il aurait pris celle de la Suisse et des montagnes de l'Italie, comme en 1665, d'autant plus qu'il faisait le voyage à la même époque de l'année. Le 23 avril, il était à Marseille, et annonçait à M. de Lionne qu'il était sur le point de s'embarquer avec le cardinal de Vendôme. Quant au cardinal Grimaldi, pour des raisons de santé, sans doute, il avait suivi la voie de terre. « Nous sommes ici, disait Retz, d'hier à midi, M. le cardinal de Vendôme et moi ; et nous n'attendons que le vent pour partir. Il y a deux mois qu'il est contraire, ce qui, joint au changement de lune qui cesse ce soir, nous fait espérer qu'il pourra se tourner à l'entrée de la nuit. Vous verrez par la lettre du 16 de ce mois que nous reçûmes hier de M. l'ambassadeur par une barque, et dont M. le cardinal de Vendôme vous envoie le *duplicata,* que le pape n'était pas encore mort le jour de sa date... Nous avons résolu, M. le cardinal de

remettre ma santé pour l'aller assurer moi-même de mes très-humbles obéissances et la supplier d'être persuadée que je suis avec plus de passion et de soumission que personne au monde... »

[1] Voir l'Appendice, n° VII.

Vendôme et moi, de nous embarquer sur la même galère, de peur que dans un temps aussi incertain que l'est celui où nous sommes, quelque coup de vent ne nous sépare, et comme il fait porter une chaise roulante, nous faisons état, si la mer nous refuse, de prendre la poste ensemble aussitôt qu'il nous sera possible, c'est-à-dire vers Gênes [1]. » Leurs Éminences eurent une traversée très-mauvaise. Le vent leur fut presque constamment contraire, et elles arrivèrent à Rome le 8 mai [2]. Le pape était dans un état désespéré. Mais il vécut encore quelques jours et ne mourut que le 22.

Il fallait à tout prix donner à Alexandre VII un successeur qui fût favorable à la France. Retz en avait pris l'engagement, et dès son arrivée à la cour pontificale, avant même la mort du pape, il avait observé les mouvements et les inclinations secrètes du sacré collége. Les factions commençaient à s'ébranler, et les partis à se former. Mais il n'y avait encore rien de précis. On ignorait quels seraient les noms qui réuniraient le plus de voix au scrutin. Les dispositions de la plupart des cardi-

---

[1] Archives des Affaires étrangères, lettre du cardinal de Retz à M. de Lionne, 23 avril 1667.

[2] *Ibid.,* lettre du même au même, de Rome, 10 mai 1667 : « Je vous écrivis de Marseille le 23 d'avril, et le 29 du même mois de Ponsin. Je sais si peu les termes de marine que je ferais assurément beaucoup d'incongruités, si j'entrais dans le détail de notre navigation ; et M. le cardinal de Vendôme a bien voulu se charger de rendre compte à Sa Majesté des petites rencontres que nous y avons eues. Nous arrivâmes le 6 de ce mois à Cività-Vecchia, et le 8, en cette ville, où M. l'ambassadeur m'a fait l'honneur de me loger chez lui. Comme je n'ai encore vu que fort peu de monde, je me contenterai pour aujourd'hui de vous assurer qu'il n'y aura jamais personne qui soit avec plus de sincérité, plus de reconnaissance et de passion que moi, etc. »

naux n'avaient pas changé, depuis le départ de Retz l'année précédente au mois de septembre. « Je vous écrivis en ce temps-là, lisons-nous dans une de ses lettres à M. de Lionne, que les factions différentes que l'on prévoit devoir être dans le conclave faisaient qu'il était comme impossible que les cardinaux s'ouvrissent à eux-mêmes dans le plus intérieur de leur cœur, par la difficulté qu'ils trouvaient à dessiner ce qui serait possible [1]. Ce qui me paraît depuis mon retour est que la disposition du sacré collége n'est pas changée sur cet article [2]. » Ainsi il y avait tout le temps nécessaire pour préparer l'élection que l'on désirait à Versailles, et, comme nous l'avons dit plus haut, le cardinal de Retz ne prévoyait pas d'autre moyen de l'assurer qu'une étroite alliance avec l'Escadron. Il s'agissait donc de trouver un terrain ferme sur lequel on pût se rencontrer avec lui.

Les cardinaux de l'Escadron faisaient profession de ne dépendre d'aucune faction, ni d'aucun gouvernement, et de n'obéir qu'à leur conscience. Ils plaçaient la religion et l'Église au-dessus de tous les intérêts de parti. Au conclave de 1655, ils avaient soutenu et fait triompher l'élection d'Alexandre VII, parce qu'ils avaient une entière confiance en sa piété et en sa vertu. Ils avaient espéré qu'avec lui le népotisme serait aboli, et que la cour romaine cesserait d'être le théâtre de la corruption et du scandale. Mais ils n'avaient pas prévu la faiblesse du pontife pour sa famille. Alexandre VII n'eut pas le cou-

---

[1] Voyez cette lettre à l'Appendice, n° VI.

[2] Archives des Affaires étrangères, lettre du cardinal de Retz à M. de Lionne, 17 mai 1667.

rage de rompre avec les exemples que lui avaient légués ses prédécesseurs. L'Escadron en le nommant s'était trompé. Mais le but qu'il poursuivait était saint, et il n'était nullement disposé à l'abandonner.

La France, de son côté, était très-hostile au népotisme, parce qu'il lui était impossible d'en bénéficier, n'ayant aucune possession en Italie. L'Espagne, au contraire, qui dominait à Naples et à Milan, y était extrêmement favorable. Elle avait des cardinaux qui lui étaient dévoués dans toutes les factions italiennes. Par ses intrigues elle faisait souvent nommer des papes d'origine espagnole, qu'elle obligeait ensuite à la payer de ses services, en écoulant dans les premières charges de l'Église des hommes qui lui étaient dévoués ou vendus : et elle arrivait par là à partager en quelque sorte le gouvernement avec le saint-siége.

La France redoutait par-dessus tout l'influence de l'Espagne, et pour la combattre, Retz crut qu'il n'y avait pas de moyen plus sûr que de donner pour fondement à son alliance avec l'Escadron l'abolition du népotisme. Par ce moyen, il savait d'avance qu'il mettrait l'Escadron en opposition directe avec l'Espagne, qui ne pouvait se maintenir à Rome que par le népotisme. Son projet fut non-seulement bien accueilli par l'Escadron, mais encore plusieurs cardinaux d'autres factions s'y rallièrent. Voici la lettre que le cardinal adressait à ce sujet à M. de Lionne : « Je vous écrivis mardi (il s'agit de la lettre que nous avons citée ci-dessus) que j'avais trouvé les choses qui regardent le conclave presque au même état que je les avais laissées, et que les difficultés de pénétrer ce qui y était possible faisait que les cardinaux avaient peine à s'ouvrir à eux-mêmes. Les quatre jours de l'extrémité du pape, qui n'est mort qu'aujourd'hui à six heures du soir, commencent à donner de l'ouverture à la scène. Mais comme M. l'ambassadeur m'a dit qu'il vous mandait le détail, je ne répéterai point ici ce que j'avais appris, parce que je lui en ai rendu compte, et je me conterai de vous parler de ce qui concerne le népotisme, sur lequel M. l'ambassadeur m'a témoigné qu'il ne s'était point étendu dans sa dépêche.

« Nous avons commencé de travailler aux moyens qui peuvent remédier à ces abus, et nous avons lieu d'espérer que notre application ne sera pas inutile. Notre nombre s'augmente tous les jours, et nous sommes déjà vingt-huit prêts à nous déclarer. M. le cardinal Falotta, qui est des plus anciers du collége, s'y est engagé et M. le cardinal Pallavicini y paraît même des plus échauffés. Nous avons lieu de croire que nous ferons encore plus de progrès dans le conclave, et selon toutes les apparences nous réussirons dans notre dessein. Mais, supposé même qu'il fût traversé par des obstacles que nous ne puissions surmonter, il est comme impossible que nous n'en tirions au moins l'avantage de commettre l'Escadron, qui est comme l'âme de cet ouvrage, avec l'Espagne, qui le traversera de tout son pouvoir. Son ambassadeur s'en expliqua comme d'une partie chimérique et même dangereuse, et je sais certainement qu'il fait état de faire déclarer sur ce point ceux de cette faction qui sont sujets du roi son maître. Il n'y gagnera rien à mon gré que de la désobliger tout entière, ce qui me paraît assez considérable dans cette conjoncture, où l'on ne peut, ce me semble, trop serrer les mesures qui furent prises l'année passée avec M. l'ambassadeur [1]. Ce n'est pas que ces messieurs ne les aient gardées avec toute sorte d'honneur et de bonne foi, et qu'ils ne les continuent encore de fort bonne grâce. Mais enfin ils demeurent dans l'indépendance qu'ils professent des couronnes. Ils ne s'engagent pas à tout; ils conservent leur liberté, et il est bon, par conséquent, de ménager avec soin les occasions qui les peuvent toujours de plus en plus détacher de l'Espagne.

« Je suis persuadé que la protection que Sa Majesté donne à un dessein qu'ils ont si fort à cœur, et l'imprudence du duc d'Astorga [2], qui n'est rien moins qu'habile homme, contribueront beaucoup à cet effet. On m'a assuré qu'il aurait déjà éclaté contre MM. les cardinaux Borromeo, Aquaviva et Homodeï sur la proposition contre le népotisme, sans M. le cardinal Barberini, qui est de leurs amis, et qui a toujours conservé, depuis le dernier conclave, quelque liaison avec l'Escadron [3]. »

Pendant le temps qui s'écoula de la mort d'Alexandre VII à l'ouverture du conclave, la nomination de son successeur fut l'objet de la préoccupation générale. Les partis entrèrent en négociation les uns avec les autres. Des noms furent mis en avant. Ceux du cardinal Barberini et du cardinal Grimaldi circulèrent parmi les membres du sacré collége. Le premier surtout paraissait avoir des chances sérieuses. Il était chef d'une grande faction et soutenu par

---

[1] Retz veut parler de l'union entre l'Escadron et M. le duc de Chaulnes, notre ambassadeur, qu'il avait lui-même ménagée avant son départ.

[2] C'était l'ambassadeur d'Espagne.

[3] Archives des Affaires étrangères, lettre du cardinal de Retz à M. de Lionne, 22 mai 1667.

l'Espagne. Sa piété et son désintéressement lui assuraient l'appui de l'Escadron. La France seule lui faisait ouvertement de l'opposition et demandait que l'on élût à sa place le cardinal Grimaldi, dont les chances, il faut l'avouer, étaient beaucoup moindres, n'eût-il eu contre lui que sa qualité de sujet français [1]. M. le duc de Chaulnes convenait que cette élection était difficile, mais il ne la croyait pas impossible [2]. Retz, au contraire, n'y avait aucune confiance, et il conseillait de ne pas la tenter. Voici en quels termes il s'exprimait au sujet du cardinal Barberini et du cardinal Grimaldi, dans une lettre adressée à M. de Lionne : « M. le cardinal Azzolini, écrivait-il le 31 mai 1667, me dit jeudi dernier que l'on était persuadé généralement à Rome que la France ne souhaiterait pas l'exaltation de M. le cardinal Barberini, et que, bien qu'il la crût difficile, il se tenait obligé de s'expliquer sur ce sujet avec moi, et pour lui et pour ses amis; qu'il ne pouvait avec bienséance s'engager contre les intérêts de M. le cardinal Barberini, pour les raisons qui étaient connues de tout le monde; que ceux mêmes d'entre eux qui pourraient ne pas porter jusqu'à la tiare l'amitié qu'ils ont pour sa personne ne prendraient jamais, par bienséance et par honneur, de liaisons contraires,

[1] Le cardinal Grimaldi était d'origine italienne, mais Louis XIV l'avait attiré en France et nommé archevêque d'Aix, comme le cardinal Antoine frère du cardinal F. Barberini, était archevêque de Reims.

[2] Archives des Affaires étrangères, lettre de M. le duc de Chaulnes au roi, 4 juin 1667 : « Pour ce qui est de son exaltation (du cardinal Grimaldi), si on osait hasarder, je ne la croirais pas tout à fait visionnaire; la bonne opinion que tout le sacré collége a de lui s'étant si bien maintenue par son éloignement que, si je crois l'affaire difficile, je ne la croirais pas impossible, si l'on sortait de la faction Chigi. »

mais que, pour témoigner à M. l'ambassadeur la passion
qu'ils avaient de rencontrer le service et la satisfaction
du roi dans le bien de l'Église, il me priait de l'assurer
que la disposition qu'il faisait pour M. le cardinal Barberini n'empêcherait pas qu'ils ne concourussent avec fidélité au premier sujet capable qu'il leur proposerait, sans
excepter même M. le cardinal Grimaldi, qu'il préférerait
de très-bon cœur à tout autre, et parce qu'il le tenait
pour le plus digne du pontificat, et pour le plus éloigné
du népotisme... Ce n'est pas que je ne sois persuadé, et
par la probité du cardinal Azzolini, et par ce que je sais
depuis longtemps de ses dispositions pour la personne
de M. le cardinal Grimaldi, que sa proposition est sincère
et de bonne foi. Mais comme le succès en est dans le fond
très-difficile, on ne saurait, ce me semble, agir avec trop
d'égards pour faire que, si elle n'a point son effet, elle
n'en produisît pas au moins qui soient contraires aux
sentiments et aux volontés du roi, particulièrement en
ce qui touche M. le cardinal Barberini... Je crois, Monsieur, ajoutait Retz en finissant, qu'il est inutile que je
vous dise que je me conduirai sur ce détail et sur tous
les autres précisément et ponctuellement selon ce que
M. l'ambassadeur me dira [1]. »

L'élection du cardinal Barberini et celle du cardinal
Grimaldi furent proposées l'une et l'autre à l'entrée du
conclave. Ils étaient tous deux appuyés par un parti sérieux. Les premiers jours, ils eurent un assez grand
nombre de voix. Mais la faction Chigi ne tarda pas à
fixer l'attention du sacré collége. Elle était nombreuse,

____

[1] Archives des Affaires étrangères.

et, contre l'attente commune, elle se montra fortement unie, marchant avec un concert parfait sous le commandement de son chef[1]. Il était évident que l'on ne pouvait pas songer à élire un pape sans son concours. Le cardinal Chigi, sentant sa force, déclara publiquement qu'il n'appuierait jamais pour la papauté un candidat qui ne serait pas pris dans sa faction, et il était assez puissant pour faire prévaloir sa volonté. Azzolini, chef de l'Escadron et l'un des plus habiles cardinaux du conclave, s'était d'abord tenu sur la réserve; mais en voyant le nombre de voix dont Chigi disposait, il s'empressa de traiter avec lui, et se contenta de lui demander pour toute condition de ne pas porter le cardinal Farnèse au pontificat. M. le duc de Chaulnes négocia aussi, par l'intermédiaire de Pallavicini, et conclut un traité dont la clause principale portait que la France s'entendrait volontiers avec Chigi pour faire pape un membre de sa faction, sur lequel ils tomberaient d'accord. Mais Pallavicini mourut dès les premiers jours du conclave. Retz fut chargé de renouveler le traité aux mêmes conditions, et il fallut toute son habileté et sa souplesse pour les faire accepter de Chigi, qui devenait de plus en plus exigeant à mesure que son influence augmentait[2].

---

[1] Archives des Affaires étrangères, lettre de M. le duc de Chaulnes à M. de Lionne, 3 juillet 1667 : « Dans les premiers jours, ce qui surprit le plus fut l'union qui se remarqua parmi les Chigi et de voir des troupes si obéissantes, sous un chef si inexpérimenté. »

[2] *Ibid.*, lettre du même au même, 5 juillet 1667 : « Dans ce temps (c'est-à-dire dans les premiers jours du conclave) mourut le cardinal Pallavicini, et comme il avait été l'entremetteur entre le cardinal Chigi et moi, je priai M. le cardinal de Retz de voir de ma part le cardinal Chigi, pour savoir qui il voulait établir en cette place, et de ratifier avec

Il y avait sept ou huit candidats à la papauté dans la puissante faction des cardinaux nommés par Alexandre VII. Leur chef feignait de n'avoir aucune préférence et de tenir la balance égale entre tous. Mais son impartialité n'était qu'apparente et ne trompait personne. Chigi avait son candidat; c'était le cardinal d'Elci, dont il désirait ardemment l'élection. A l'entendre, Chigi ne portait ce cardinal que parce qu'il était demandé par l'Espagne, par Barberini, et que le grand-duc de Toscane [1] avait écrit en sa faveur à tous ses amis du conclave; mais, en réalité, c'était parce que d'Elci était originaire de Sienne, allié à la maison Chigi, et que, sous son pontificat, le neveu d'Alexandre VII espérait être pour le moins aussi influent qu'il l'avait été sous le pontificat de son oncle, d'autant plus que d'Elci n'avait ni talent ni capacité [2].

Le candidat de l'Espagne et de la Toscane ne pouvait pas être celui de la France leur ennemie; il n'était pas davantage celui de l'Escadron, qui voulait porter un coup décisif au népotisme; et la nomination de d'Elci en eût été la continuation pure et simple au profit de la famille Chigi. Les cardinaux âgés, ou, comme on les appelait, la faction des *vieux*, n'en voulaient pas non plus; ils le trouvaient trop jeune. Aussi, après dix jours de scrutin, il

lui le même traité que j'avais fait ci-devant. Le cardinal Chigi fit quelque mine de vouloir augmenter quelques conditions qui lui pouvaient être avantageuses, mais le cardinal de Retz sut si bien maintenir son terrain que le même traité fut ratifié. »

[1] Le grand-duc de Toscane était l'oncle du cardinal de Medicis, mort récemment et chef de la faction de ce nom.

[2] Archives des Affaires étrangères, lettre de M. le duc de Chaulnes à M. de Lionne, 5 juillet 1667.

fallut renoncer à son élection. D'autres cardinaux de la même faction, tels que Celsi, Bonnisi, furent mis en avant sans plus de succès [1] ; et au bout de quatorze jours, le conclave n'avait pas fait un pas ; il était aussi impossible de prévoir qui serait pape que le premier jour. « De ce qui s'est passé au conclave jusqu'à présent, écrivait à cette date M. l'abbé de Bourlemont, l'on croit pouvoir faire le pronostic de sa longue durée. Le dessein da cardinal Chigi était de ne pas sortir du nombre de ses créatures, pour faire un pape, et celui des autres de le tirer de ce nombre s'ils peuvent [2]. »

Aucun des candidats présentés jusque-là par Chigi n'ayant de chance d'être élu, M. le duc de Chaulnes lui fit la proposition d'essayer un nouveau sujet, toujours pris dans sa faction. Le cardinal accueillit la proposition avec empressement, d'autant plus qu'il commençait à se trouver embarrassé. Retz fut délégué pour s'entendre avec lui sur le choix d'un candidat qui pût réunir la majorité des voix au scrutin, et dès la première conférence, après quelques détours, l'ancien chef de la Fronde déclara à son interlocuteur que la France souhaitait l'élection du cardinal Rospigliosi, que c'était lui qu'elle voulait voir pape. Cette déclaration était un coup terrible pour Chigi ; car Rospigliosi avait été, sous Alexandre VII, secrétaire d'État, et dans les dernières années il était complétement tombé en disgrâce, à tel point que l'on n'en tenait plus aucun compte dans l'entourage du pape, et Chigi était si opposé à son élection qu'il s'était déclaré

[1] Archives des Affaires étrangères, lettre de M. le duc de Chaulnes à M. de Lionne, 5 juillet 1667.

[2] *Ibid.,* lettre de M. de Bourlemont à M. de Lionne, 14 juin 1667.

publiquement contre lui, et l'avait rayé de la liste de ses
sujets. Cependant, après une nuit de réflexion, il répondit à Retz que M. l'ambassadeur n'ignorait pas les
raisons qu'il avait de ne pas souhaiter Rospigliosi, mais
qu'il voulait dans une occasion considérable donner au
roi de France des marques de son respect et de sa déférence, en acceptant le candidat qu'il lui proposait. Ce
fut alors que l'on songea à mettre pour de bon « les
fers au feu [2] », et quelques scrutins d'essai donnèrent la
certitude que Rospigliosi avait la majorité pour être
pape. Mais on voulut, selon l'usage ordinaire, que le
scrutin définitif réunît l'unanimité des suffrages. Les
autres factions furent averties de l'accord qui existait
entre M. le duc de Chaulnes, Retz et Chigi, dans lequel
était entré Azzolini ; elles se rendirent sans trop de difficulté, à l'exception de la faction des *vieux*. Retz se
chargea de lui faire entendre raison, et l'obligea à la fin
à se résigner en lui montrant qu'il n'était pas en son
pouvoir d'empêcher Rospigliosi d'être pape. Le 18 juin
1667, il fut élu et prit le nom de Clément IX. Son exaltation était l'œuvre de la France et surtout de Retz. « Le
roi, écrivait M. le duc de Chaulnes, ne fait pas plus
absolument à Paris le prévôt des marchands, qu'il a fait
le pape [2]. » Quelques jours après, dans une lettre importante, il donnait les détails suivants : « Si le pape n'eût
été fait le jour où il l'a été, nous en avions pour trois
mois avec toutes les apparences d'un mauvais succès...
Les quatre factions où il y a des chefs ont fait un pape,

---

[1] Archives des Affaires étrangères, lettre de M. le duc de Chaulnes au
roi, 5 juillet 1667.

[2] *Ibid.*

tous les chefs lui étant contraires : Barberini comme prétendant, Sforza qui n'aime pas Rospigliosi et qui voulait d'Elci, d'Est par deux ou trois chimères, parmi lesquelles il ne laissait pas d'en avoir quelques solides dans son commerce avec Barberini ; et Chigi qui le voulait si peu qu'il n'avait aucune mesure de civilité avec lui. Mais ce sont heureusement aussi toutes ces choses qui ont contribué à la gloire du roi, parce que toutes les contrariétés ne pouvant être vraisemblablement surmontées l'une après l'autre, l'on prit parti de ne combattre que Chigi, qui céda à la déclaration que je lui fis de la part du roi, en faveur du cardinal Rospigliosi, le secret étant demeuré entre le cardinal Chigi, Retz, Azzolini et moi ; et lorsque nous fûmes d'accord ensemble, j'envoyai l'abbé de Machaut au cardinal d'Est lui donner part de l'état des choses et de la volonté du roi. Le cardinal Borromeo fut vers Sforza qu'il pressa si vigoureusement qu'il ne s'en put défendre, et ainsi la seule faction de Sa Majesté a eu part à cette exaltation, ou, pour mieux dire, sa seule déclaration a déterminé le cardinal Chigi.

« Je vous assure, Monsieur, que M. le cardinal de Retz s'est fort bien porté en cette négociation, ayant joué toutes sortes de personnages, et en a usé à mon égard le mieux du monde, ayant eu toutes les circonspections possibles pour moi, jusqu'à celles mêmes qui passaient ce que l'on doit à ceux qui portent les ordres du roi comme les ambassadeurs [1]. »

M. le duc de Chaulnes répète dans plusieurs autres dépêches que le cardinal a parfaitement bien fait son

---

[1] Archives des Affaires étrangères, lettre de M. le duc de Chaulnes à M. de Lionne, 5 juillet 1667.

devoir [1], qu'il a déployé un grand zèle et une grande
capacité pour faire réussir les ordres de Sa Majesté [2].
L'abbé de Machaut, qui avait pris part au conclave, écrivait de son côté : « M. le cardinal de Retz s'est acquitté
très-dignement de la diversité des affaires qu'il avait
entre les mains [3] » ; et dans le sacré collége, il n'y avait
qu'une voix pour rendre hommage à son habileté. En
réalité, c'était bien lui qui avait dirigé le conclave et qui
l'avait amené, sans qu'il s'en doutât, à élire le cardinal
Rospigliosi, auquel personne ne songeait en commençant.
Il est vrai qu'il avait été puissamment secondé par Azzolini, qui n'était pas moins rompu que lui aux affaires et
aux négociations. « Je suis obligé, écrivait l'abbé de
Machaut, de représenter le bonheur que nous avons eu
d'avoir ici M. l'ambassadeur, M. le cardinal de Retz, et
sur le tout M. le cardinal Azzolini. Il n'y a pas de doute
que ces trois personnes seules ont mis le cardinal Rospigliosi dans la chaire de Saint-Pierre [4]. » Le compliment

[1] Archives des Affaires étrangères, lettre de M. le duc de Chaulnes à
M. de Lionne, 24 juin 1667.

[2] *Ibid.*, 5 juillet : « M. le cardinal de Retz qui avait la véritable atta-
que, je suis obligé de dire qu'il a eu toute l'application possible et qu'il
n'a épargné aucun soin pour satisfaire Votre Majesté en ce rencontre,
ayant même fait passer le respect qu'il a pour elle jusqu'au titre d'ambassadeur, n'ayant voulu régler ses moindres pas que par les seuls ordres
que je lui donnais, me demandant jusques aux moindres choses, pouvant dire à Votre Majesté que si sa conduite avait quelque air de vouloir
se précautionner contre les événements fâcheux, elle ressemblait encore
plus à une aveugle obéissance, à un grand zèle et capacité de contri-
buer au succès des ordres de Votre Majesté, pour l'exécution desquels
il s'est trouvé beaucoup soulagé par M. l'abbé Machaut, à qui j'avais
pris confiance, et qui a donné dans ce conclave des preuves d'un grand
fonds d'habileté. »

[3] *Ibid.*, 24 juin 1666.

[4] *Ibid.*, 22 juin 1666.

à l'adresse de l'ambassadeur est un compliment officiel et de pure convenance. L'unique mérite de M. le duc de Chaulnes au conclave fut de ne pas contrarier les desseins de Retz et de se borner à les appuyer au lieu de lui donner des ordres. Mais les paroles à l'endroit d'Azzolini sont justes et méritées.

Ainsi c'est à la France que revenait l'honneur de l'exaltation du nouveau pape; et celui-ci ne faisait nulle difficulté d'en convenir; il s'en félicitait au contraire et cherchait toutes les occasions d'en témoigner sa reconnaissance. Il voulut que le cardinal de Vendôme fît diacre à son couronnement [1], et dans deux audiences successives qu'il accorda à Retz, il déclara hautement que c'était à Sa Majesté Très-Chrétienne qu'il devait le pontificat, et qu'il ne l'oublierait jamais. « M. l'ambassadeur, disait Retz dans une première lettre à M. de Lionne, M. l'ambassadeur ayant jugé à propos que j'assistasse aux cérémonies du couronnement et de la prise de possession, j'ai différé de quelques jours à demander mon audience de congé. Je l'eus avant-hier, et elle se passa tout entière, de la part de Sa Sainteté, en des témoignages de la reconnaissance qu'elle doit au roi. Il ne se peut rien ajouter aux expressions dont elle se servit; elle me

---

[1] Archives des Affaires étrangères, lettre de M. le duc de Chaulnes à M. de Lionne, 22 juin 1667 : « L'on m'a mandé un conte de Benserade sur le séjour de M. le cardinal de Retz avec M. de Vendôme à Aix, répondant à des curieux qui lui demandaient ce que pouvait faire le cardinal de Retz avec lui, qu'il apprenait à lire à M. de Vendôme ; mais il n'y a pas de raillerie ; car s'il lui avait voulu apprendre à lire et à chanter au lutrin, il l'aurait fort obligé, Sa Sainteté venant de lui envoyer dire qu'elle souhaitait qu'il servît de diacre à son couronnement. »

répéta plus de vingt fois en une heure qu'elle devait le
pontificat à Sa Majesté, et toutes ses paroles furent accom-
pagnées d'un air qui me persuade qu'elles partaient du
cœur. J'aurai l'honneur de recevoir encore demain ses
commandements, et elle a eu la bonté de me l'or-
donner [1]. » Deux jours après, Retz écrivait de nouveau :
« J'ai vu le pape, qui m'a témoigné encore plus de reconnaissance des obligations qu'il a au roi qu'il n'avait fait
à ma première audience [2]. »

Les heureux auspices qui inaugurèrent le pontificat de
Clément IX ne se démentirent pas dans la suite. Les dispositions favorables du nouveau pape ne firent que s'ac-
croître avec le temps. Il eut une application particulière
à faire cesser les divisions et les défiances qui, sous
Alexandre VII, avaient troublé les rapports entre la cour
de France et le saint-siége. Il y avait à Paris un nonce
apostolique, Mgr Roberti, qui était en hostilité ouverte
avec les ministres; Clément IX le rappela, et, sur la demande de M. de Lionne, le remplaça par Mgr Bargel-
lini [3], d'un caractère plus doux et plus conciliant. La
mort du dernier pape avait laissé en suspens le procès
des jansénistes que l'on poussait avec vigueur [4]. Il fut
repris en sous-œuvre, mais sur des bases nouvelles. Aux
mesures de rigueur on substitua les voies de conciliation et d'accommodement. Nous ne voulons pas entrer
dans l'histoire des négociations longues et pénibles qui

---

[1] Archives des Affaires étrangères, lettre du cardinal de Retz à M. de
Lionne, 4 juillet 1667.

[2] *Ibid.,* lettre du même au même, 6 juillet 1667.

[3] Auparavant nonce à Turin.

[4] *Port-Royal,* par SAINTE-BEUVE, t. IV, p. 364.

se terminèrent par la paix de 1668. Cette histoire a été faite par M. Sainte-Beuve [1] et complétée par M. Gazier [2]. Disons seulement que Retz fut un des négociateurs les plus influents, employé tout à la fois par les ministres de Louis XIV et par Port-Royal. Il n'y a dans les Archives des Affaires étrangères aucune lettre de lui touchant ces négociations ; cela prouve seulement qu'il n'eut à ce sujet aucune correspondance avec notre ambassadeur ; mais on peut tenir pour certain qu'il en eut avec les cardinaux Azzolini et Ottoboni, ses amis, et même avec Clément IX. On peut tenir en outre pour certain que ce fut lui qui fit pencher la balance en faveur de Port-Royal. Il y était engagé par toutes les grandes dames qu'il avait connues sous la Fronde et qui étaient devenues de ferventes jansénistes. Lorsque après quinze mois de négociations la paix fut entièrement consommée, Louis XIV en remercia le souverain pontife en des termes qui méritent d'être cités : « Quoique dans cette action si éclatante et d'une si grande utilité à toute l'Église, Sa Sainteté doive s'assurer d'y avoir une récompense proportionnée par la gloire immortelle qu'elle conquerra à sa personne et à son pontificat, nous ne nous laissons pas, Très-Saint Père, de nous en tenir aussi sensiblement obligé à Votre Béatitude que si elle n'avait eu d'autre motif que notre seule considération, prenant en cela la part que nous devons au bien qui en résultera à tout notre royaume, et nous rechercherons continuellement avec grand soin les

---

[1] *Port-Royal*, par SAINTE-BEUVE, tome IV, p. 352, 410.

[2] *Les Dernières Années du cardinal de Retz,* thèse présentée à la Faculté des lettres de Paris.

moyens d'en faire paraître à Votre Sainteté notre parfaite gratitude [1]. »

La paix de 1668 fut l'œuvre principale de Clément IX. Il semble même qu'il n'eût été élevé au pontificat que pour l'accomplir. Il mourut quelques mois après l'avoir achevée, en décembre 1669. Pendant son règne trop court il parut n'avoir qu'un seul souci : celui d'être agréable à la France et de la satisfaire en tout.

[1] Archives des Affaires étrangères, lettre de Louis XIV au pape, 7 février 1647.

CHAPITRE II

Conclave de 1670. — Lutte acharnée des partis.
Élection de Clément X.

Lorsque le conclave ouvrit après les neuf jours réglementaires consacrés aux obsèques du pontife défunt, ni notre ambassadeur, ni aucun cardinal français n'était à Rome. Nous n'y étions représentés que par M. l'abbé de Bourlemont, chargé de l'expédition des affaires en l'absence de l'ambassadeur. En apprenant la mort de Clément IX, M. le duc de Chaulnes et les cardinaux de Retz et de Bouillon, qui devaient aller soutenir les intérêts de la France au conclave, se mirent en route pour l'Italie, malgré les rigueurs de l'hiver; et toute la durée de leur voyage, ils furent aux prises avec des difficultés et des dangers sans nombre [1]. Ce n'est qu'après bien des arrêts, des retards et des contre-temps, qu'ils arrivèrent à Rome vers le milieu de janvier [2]. Le 18 du même mois, Retz écrivait la lettre suivante à M. de Lionne : « Monsieur, je n'entre point dans le détail de notre voyage, ni de l'état où nous avons trouvé ici les affaires, parce que je sais que M. le duc de Chaulnes vous en écrit amplement.

[1] Archives des Affaires étrangères, lettre de M. le duc de Chaulnes à M. de Lionne, Monoël, le 1er janvier 1670.

[2] Il s'agit de janvier 1870. Le pape était mort en décembre 1670.

7.

Mais je ne puis toutefois m'empêcher de vous dire qu'il n'y a guère d'obstacles que nous ayons trouvés sur la terre et sur la mer, et que toutes les dispositions de cette cour sont changées en un point qui a dû nous surprendre : j'espère néanmoins que l'on connaîtra en ce rencontre, comme dans tous les autres, que tout est possible et même facile à Sa Majesté. Je ne prends pas la liberté de lui écrire, parce que je suis persuadé, Monsieur, que vous aurez bien la bonté de l'assurer que la seule peine que j'aie en cette occasion est de ne pouvoir remplir avec assez de capacité le zèle très-parfait et très-ardent que j'ai pour son service. M. l'ambassadeur, qui ne craint pas l'excommunication, vous fera savoir les choses que nous sommes obligés de renfermer dans l'enclos du conclave, et de la manière dont il m'a parlé, je vois qu'il prétend d'en être assez bien averti pour me guérir du scrupule que j'aurais si j'étais obligé de vous en donner des nouvelles [1]. »

Le conclave durait depuis vingt-huit jours, et voici, d'après les lettres de M. le duc de Chaulnes et de M. l'abbé de Bourlemont, ce qui s'était passé.

Au commencement les mêmes factions que dans le conclave précédent s'étaient trouvées en face les unes des autres, et à peu près avec les mêmes forces respectives [2]. Elles étaient seulement augmentées d'une nouvelle faction composée de cardinaux de la création de Clément IX, dont le chef était le cardinal Rospigliosi,

---

[1] Archives des Affaires étrangères.

[2] Ces factions étaient au nombre de six : celles de France, d'Espagne, de Médicis, de Chigi, de Barberini et de l'Escadron.

neveu du pontife défunt. Mais cette faction, à cause de la courte durée du dernier pontificat, était peu nombreuse; elle fit d'abord alliance avec Chigi, qui déclara de nouveau que le pape à élire devait être choisi parmi ses amis. Une lettre de M. l'abbé de Bourlemont nous fait connaître les noms qui furent mis en avant. « L'on croit, écrivait-il le 7 janvier 1670 à M. de Lionne, que les premiers sujets dont l'on traitera pour le pontificat seront les créatures de Chigi; et cela se réduira probablement à quatre, savoir : d'Elci, Celsi, Bonnisi et Vidoni... L'on dit tant de choses contre les mœurs de Celsi qu'il sera bien difficile qu'il puisse réussir. L'on croit que Médicis avec le parti d'Espagne travaille à empêcher l'élection de Bonnisi pour deux raisons : l'une à cause qu'il est Lucquois, et l'autre parce que les Espagnols ne se peuvent fier à lui... Le cardinal Litta fit un indigne préjudice à Vidoni, ayant apporté au conclave des informations contre lui, et comme ils sont tous deux Milanais, ils ont une inimitié de maison ensemble. [1] » Ainsi, sur les quatre candidats, il y en avait trois qui n'avaient pas de chances sérieuses, et qui ne devaient pas même réunir les voix de leur parti. D'Elci était le seul dont on voulût réellement l'élection.

Nous savons, d'ailleurs, que dans le conclave précédent il s'était approché très-près du pontificat, et il eût été élu sans l'opposition de la France qui n'en voulait à aucun prix, parce qu'il était parent du cardinal Chigi, et qu'il fût probablement resté sous sa domination. Son pontificat n'eût été que la continuation de celui d'Alexandre VII,

---

[1] Archives des Affaires étrangères.

avec qui Louis XIV avait été constamment en lutte.

A Versailles on n'ignorait pas que d'Elci avait de très-grandes chances, et le roi s'était empressé d'écrire à M. l'abbé de Bourlemont d'intervenir auprès de Chigi et des autres cardinaux du conclave pour empêcher toute élection avant l'arrivée de ses représentants [1]. Mais d'Elci avait d'autres adversaires que la France. L'Escadron et Barberini lui faisaient la plus vive opposition, parce qu'ils craignaient qu'avec lui le pontificat ne devînt en quelque sorte la propriété de la famille Chigi [2]. Azzolini, très-lié avec Rospligliosi [3], se chargea de l'attirer à eux en le détachant du parti de Chigi, et de ce jour, la prépondérance du neveu d'Alexandre VII fut anéantie. Il n'en persista pas moins à déclarer qu'il n'appuierait jamais un candidat pris hors de sa faction [4]. Mais Rospigliosi fut plus avisé. Il protesta qu'il prendrait un « bon pape, partout où il le trouverait, même dans la faction de Chigi [5] ».

La séparation de ces deux factions fit un très-grand éclat dans le conclave. Elle eut pour effet de le diviser en deux partis à peu près d'égales forces : d'un côté,

---

[1] Archives des Affaires étrangères, lettre de Louis XIV à M. de Chaulnes, 13 janvier 1670 : « ..... Je ne puis douter, après la manière obligeante pour moi avec laquelle les cardinaux Chigi et Rospigliosi lui ont parlé (à M. de Bourlemont), que l'un ou l'autre n'ait fait attendre votre arrivée et celle des cardinaux de Retz et de Bouillon, avant qu'entamer dans le conclave aucunes véritables pratiques, pour l'élection du nouveau pape. »

[2] Le cardinal Chigi avait été maintenu en fonction par Clément IX.

[3] Azzolini avait été secrétaire d'État de son oncle.

[4] Archives des Affaires étrangères, lettre de M. le duc de Chaulnes au roi, 21 janvier 1670.

[5] *Ibid.*

Chigi, l'Espagne et Médicis; de l'autre, l'Escadron, Barberini et Rospigliosi : puis, la faction de France qui se tenait dans la plus absolue neutralité. Tel est l'état dans lequel M. le duc de Chaulnes et le cardinal de Retz trouvèrent le conclave à leur arrivée. Tel est le changement dont il est tant parlé dans leur correspondance. Nous avons déjà entendu Retz. Voici comment s'exprimait à son tour M. le duc de Chaulnes : « A l'égard, Sire, écrivait-il au roi, de ce qui regarde le dedans des affaires, je suis tombé de mon haut du changement qui s'y est causé par une rupture entre le cardinal Rospigliosi et le cardinal Chigi, lequel, selon les apparences, il était assez difficile de prévoir [1]. » On a remarqué que dans les assemblées ce sont quelquefois les partis les moins nombreux qui ont la plus grande influence, parce qu'ils font pencher la balance du côté où ils se portent. Au conclave de 1670, cette influence était aux mains de la faction française qui ne comptait que sept cardinaux. Mais elle ne pouvait être exercée d'une façon décisive qu'après qu'il aurait été démontré qu'aucun des candidats sur lesquels se partageaient chaque jour les votes n'était pas en état d'obtenir le nombre de suffrages nécessaires pour être élu. Il fallait en outre laisser à Retz le temps de négocier, de préparer les esprits, et arriver à faire accepter par lassitude le sujet que la France voulait voir élever au pontificat. On devait donc s'attendre à un conclave très-long, le véritable candidat ne pouvant être présenté qu'après que toutes les chances des autres seraient épuisées. Aussi

---

[1] Archives des Affaires étrangères, lettre de M. le duc de Chaulnes au roi, 21 janvier 1670.

M. le duc de Chaulnes accueillit-il avec empressement les avances que lui fit faire le cardinal Chigi, et il consentit volontiers à discuter la liste de ses candidats.

Nous connaissons cette liste par la lettre de M. l'abbé de Bourlemont que nous avons citée plus haut. Elle comprenait quatre noms, et il n'y en avait pas un seul contre lequel il n'y eût de fortes exclusions.

Celsi n'avait aucune chance. Il pouvait avoir de la naissance et du mérite. Mais les désordres de sa vie privée et le scandale de ses mœurs rendaient son élection impossible, et personne n'y songeait sérieusement. D'Elci était le candidat préféré de Chigi pour des raisons que nous avons exposées. Mais la France l'avait rejeté au dernier conclave, et elle le rejetait encore dans celui-ci, d'autant plus que ce cardinal avait voulu précipiter son élection, avant l'arrivée des représentants de Sa Majesté Très-Chrétienne, pour être pape sans leur participation. C'était un motif de plus pour l'exclure, et puisque son coup avait manqué, il ne devait plus songer au pontificat. « Les degrés, disait M. le duc de Chaulnes, en sont rompus pour lui de plus d'une main [1]. » Un pareil langage était décisif. Il fallait s'y soumettre ou se brouiller avec la France. Chigi le savait bien, et, en homme prudent, il promit de renoncer à d'Elci, sans l'exclure toutefois, parce qu'il avait de si forts appuis dans les factions d'Espagne et de Médicis qu'il était impossible de songer à un autre sujet, avant que les chances de celui-là fussent entièrement anéanties. Le troisième candidat proposé par Chigi était le cardinal Bonnisi. Il était

____

[1] Archives des Affaires étrangères, lettre à M. le duc de Chaulnes.

sympathique à la France qui l'aurait vu nommer pape avec plaisir et lui aurait prêté même son appui. Mais son exclusion était le fondement de l'union entre Rospigliosi, Barberini et l'Escadron. Rospigliosi disait que l'abbé Bonnisi, neveu du cardinal, était son ennemi, et que « concourir à cette élection, ce serait comme s'il se jetait lui et sa famille dans un puits [1] ». Barberini et l'Escadron y étaient opposés pour d'autres raisons. Ils prétendaient que le même abbé Bonnisi ne croyait pas « en Dieu, et qu'il n'adorait que ses maximes machiavéliques [2] ». Et comme il serait nommé cardinal à la première promotion et aurait une grande part dans le gouvernement du saint-siége, si son oncle venait à être pape, c'était, selon eux, compromettre la religion que de porter celui-ci au pontificat. Ces raisons, à supposer qu'elles fussent fondées, étaient de la plus haute gravité, et elles faisaient surtout de l'impression sur l'esprit de Barberini, dont la piété et la vertu étaient si universellement reconnues. Il ne pouvait entendre parler de Bonnisi sans indignation, et il disait qu'il ne lui donnerait pas son consentement, quand il verrait sa tête sur l'échafaud [3]. Mais M. le duc de Chaulnes, qui n'avait peut-être pas lui-même une foi très-grande en Dieu, raillait gaiement Barberini, disant qu'il avait bien de la conscience de porter de tels jugements, et que, s'il était son confesseur, « il lui imposerait pour pénitence de concourir à Bonnisi [4] ».

---

[1] Archives des Affaires étrangères, lettre de M. le duc de Chaulnes au roi, 21 janvier 1670.

[2] *Ibid.*, lettre du même à M. de Lionne, 25 mars 1670.

[3] *Ibid.*

[4] *Ibid.*

A défaut de d'Elci, le cardinal Chigi tenait fortement pour lui, et il sollicitait notre ambassadeur d'user en sa faveur de tout son crédit, et de ramener la faction Rospigliosi, sans laquelle il convenait que l'on ne pouvait rien. Mais avec elle il croyait le succès assuré. C'était là une heureuse nécessité qui mettait la faction française fort à l'aise; car si Rospigliosi consentait à se détacher de son parti pour appuyer Bonnisi, elle marcherait avec lui; si, au contraire, il refusait, elle se trouverait par là même dégagée. On n'avait rien à lui demander; on avait plutôt à la remercier de sa bonne volonté.

M. le duc de Chaulnes remarque d'ailleurs, dans sa correspondance, que cette élection était impraticable. Pour la faire réussir, il fallait non-seulement l'appui de Rospigliosi, il fallait en outre gagner plusieurs cardinaux de l'Escadron et de Barberini, qui disposaient d'un nombre de suffrages suffisant pour empêcher toute élection qui ne leur était pas agréable [1].

Aux cardinaux que nous venons de mentionner, ajoutons-en un dernier : le cardinal Vidoni. Comme les précédents, il était de la faction Chigi; mais il n'avait été proposé que parce que l'on n'avait pas pu faire autrement, et qu'il s'imposait en quelque sorte de lui-même; car le parti qui lui était le plus hostile était précisément celui auquel il était censé appartenir. Chigi avait Vidoni en aversion, parce qu'il ne s'inclinait pas devant lui, ne tenait aucun compte de ses avis [2], et était étroitement lié

---

[1] Archives des Affaires étrangères, lettre de M. le duc de Chaulnes au roi, 21 janvier 1670.

[2] *Ibid.*

avec Azzolini [1]. Chigi le soupçonnait, en outre, d'avoir jeté de l'argent dans le peuple pour faire crier contre lui dans les rues [2]. L'Espagne n'avait pas davantage confiance en Vidoni ; elle le croyait trop ami de la France, et Médicis disait, à qui voulait l'entendre, que l'on brûlerait plutôt le conclave que de l'*exalter* [3]. Voilà bien des raisons pour assurer son exclusion, sans parler du dossier que le cardinal Litta avait réuni contre lui.

Les cardinaux que nous venons de nommer étaient les seuls qui fussent fortement appuyés, et pour lesquels on allât sérieusement au scrutin. Mais aucun d'entre eux ne pouvait être élu, tandis que le conclave serait ainsi divisé en deux partis à peu près d'égales forces. Ni l'un ni l'autre des partis ne l'ignorait ; ils en avaient du dépit ; ils se reprochaient mutuellement leur impuissance, et il faut bien reconnaître que l'intérêt et l'ambition avaient plus de part dans leur conduite que la religion et la foi. Aussi M. le duc de Chaulnes écrivait, en parlant des conclaves : « L'on n'y voit employer que la même politique, qui est d'élever et d'assurer la fortune de ses amis sur les débris de celle des ennemis [4]. »

Au milieu de ces divisions, la faction de France se maintenait dans une indépendance absolue. Elle négociait avec l'un et l'autre parti, sans s'attacher à aucun, se contentant d'assurer l'exclusion des candidats qu'elle voulait empêcher d'être papes. Son attitude était digne et

---

[1] Archives des Affaires étrangères, lettre de M. le duc de Chaulnes à M. de Lionne, 25 mars 1670.

[2] *Ibid.*, lettre du même au même, 1er février 1670.

[3] *Ibid.*, lettre du même au même, 18 février 1670.

[4] *Ibid.*, lettre du même au même, 25 février 1670.

correcte, son prestige sans égal. « L'on ne peut être ici plus glorieusement, écrivait notre ambassadeur quelques jours après son arrivée, et, jusqu'à présent, on n'y peut faire une meilleure figure [1]. »

Bien que le conclave fût dans l'impossibilité d'élire quelqu'un pendant qu'il resterait ainsi divisé en deux camps, on continuait à voter pour les candidats qui avaient été proposés au commencement. Un jour on donnait un peu plus de voix à l'un, le lendemain c'était à un autre. Chaque parti tentait aussi de temps en temps des coups de surprise pour mettre en déroute le parti opposé ; et malgré les assurances données par Chigi à M. le duc de Chaulnes, l'élection de d'Elci était loin d'être abandonnée : ce cardinal avait de nombreux partisans. L'Espagne le désirait ardemment pour pape ; Médicis lui était entièrement dévoué ; il mettait tout en œuvre pour le porter au pontificat ; on disait même qu'il avait acheté des voix dans le conclave, et qu'il ne voulait pas perdre son argent [2]. Mais il y allait de l'honneur de la France qu'un candidat qui lui était désagréable ne pût pas même conserver l'espérance d'être élu. Pour en finir avec d'Elci, Retz fut chargé par notre ambassadeur d'aller trouver Médicis et de lui dire que, puisque Son Éminence avait toujours manifesté l'intention de ne rien faire contre la volonté de Sa Majesté Très-Chrétienne, il avait ordre de lui annoncer que l'élection de d'Elci ne lui était pas agréable, et qu'il était inutile d'y travailler. Cette déclaration fut un coup de foudre pour Médicis ; il

---

[1] Archives des Affaires étrangères, lettre de M. le duc de Chaulnes au roi, 24 janvier 1670.

[2] *Ibid.*, lettre du même au même, 11 février 1670.

se confondit en excuses et en civilités, protesta de son ignorance et de sa bonne foi, et répéta à diverses reprises : *E finito negotio per il cardinale d'Elci,* ajoutant à Retz qu'il avait toute son estime et son amitié, qu'il ne voulait traiter qu'avec lui, que c'était l'unique moyen de sortir tous contents du conclave. Chigi, de son côté, s'empressa de faire connaître au même cardinal qu'il n'avait eu aucune part aux derniers efforts que l'on avait tentés en faveur de d'Elci ; qu'il était resté fidèle à la parole qu'il avait donnée à M. l'ambassadeur ; seulement, qu'il n'avait pas osé empêcher l'Espagne et Médicis. « Mais tous ces procédés différents, écrivait M. le duc de Chaulnes, couvrent chacun en leur manière un grand dépit, et ne marquent qu'un esprit de vengeance dont je suis plus persuadé par tout ce que j'apprends tous les jours de leur conduite (des cardinaux de Médicis et Chigi), qui ne va qu'à découvrir notre secret pour le rompre par une exclusion [1]. »

Celle de d'Elci fut, les jours suivants, rendue publique au conclave, et l'on passa sérieusement à l'examen de l'élection de Bonnisi. Mais elle était peut-être encore plus difficile que celle de d'Elci. Pour la rendre possible, il fallait, nous l'avons dit, gagner la faction de Clément IX, ou plutôt il fallait rompre l'union du parti opposé à l'Espagne et à Chigi. Des négociateurs furent envoyés à chacun des chefs. Mais tous leurs efforts demeurèrent impuissants. Ils ne firent que rendre plus étroite l'union qu'ils voulaient briser. Notre ambassadeur, chargé de

---

[1] Archives des Affaires étrangères, lettre de M. le duc de Chaulnes au roi, 18 février 1670.

traiter avec Rospigliosi, qui était, depuis le pontificat
de son oncle, dans les meilleures relations avec la
France, n'en put rien obtenir. Le cardinal lui déclara
que son intérêt, sa dignité et les engagements pris l'em-
pêchaient absolument de se séparer de Barberini et de
l'Escadron [1].

On changea alors de tactique. Les correspondants
français distribuèrent de l'argent dans le conclave, et le
bruit courut que la faction de Clément IX avait abandonné
son chef, et était en pleine révolte contre lui. L'abbé
Bonnisi vint annoncer cet événement à notre ambassadeur,
en le priant de rallier les cardinaux en rupture de ban. Le
pape était fait, s'il les déterminait à voter avec la faction de
France pour son oncle. Mais en Italie, où tous les moyens
sont bons pour arriver à ses fins, il faut être en garde
plus que partout ailleurs contre les fausses nouvelles,
et M. le duc de Chaulnes ne tarda pas à être informé que
la révolte de la faction de Clément était une pure inven-
tion. C'était un piége grossier que l'on avait tendu à notre
ambassadeur pour le séparer de Rospigliosi, le brouiller
avec Barberini et l'Escadron, et le faire entrer malgré lui
dans le parti de Chigi, où il eût été sous la domination
directe de l'Espagne. Mais, averti par Retz, il évita ce
piége, qui n'était que le coup de désespoir d'un parti
perdu sans ressources. Il n'y avait plus à douter qu'aucun
des candidats de Chigi ne pouvait arriver au pontificat;
car Vidoni avait été sacrifié d'avance par ceux mêmes

---

[1] Dans la plupart des dépêches où il parle de Rospigliosi, notre ambassadeur déclare que l'exclusion de Bonnisi était la base de son union
avec Barberini et l'Escadron, et c'est ce que signifiaient ces expressions,
intérêt, dignité, engagement, qui reviennent sans cesse.

qui l'avaient porté, et les autres étaient dans l'impuissance absolue d'être élus. On comprend combien devait être abattu celui qui les avait proposés et qui s'était vanté de réserver le pontificat à un de ses candidats. Chaque épreuve qui montrait à Chigi son impuissance le jetait *hors des gonds*. Il ne cessait de répéter qu'il crèverait plutôt dans le conclave que de sortir de sa faction [1]. Mais ce n'étaient là que des paroles en l'air. Il était vaincu et anéanti. Sa défaite était complète. Le bruit s'en répandit dans Rome, et le peuple fit éclater sa joie de façon à montrer au neveu d'Alexandre VII combien son nom était exécré, car on répétait publiquement que la seule tache du pontificat de Clément IX était d'avoir conservé ce cardinal dans l'autorité [2].

Le conclave menaçait de s'éterniser. Depuis trois mois qu'il était réuni, tous ses efforts n'avaient abouti qu'à ruiner l'influence de Chigi qui voulait imposer un pape de sa main. Hors de là tout était à recommencer, et l'on ne paraissait pas plus avancé que le premier jour, ou, pour mieux dire, il y avait, de plus que le premier jour, le mécontentement et l'irritation. Les esprits étaient aigris par trois mois de votes et de négociations stériles. Les cardinaux étaient fatigués d'être si longtemps enfermés [3]. La maladie se mettait dans leurs rangs et y faisait

---

[1] Archives des Affaires étrangères, lettre de M. le duc de Chaulnes au roi, 4 mars 1670.

[2] *Ibid.*, lettre du même à M. de Lionne, 12 mars 1670. Les manifestations hostiles s'étaient déjà fait jour lors de l'exclusion de d'Elci, le candidat préféré de Chigi. Lettre du même au roi, 11 février 1670.

[3] *Ibid.*, M. le duc de Chaulnes écrivait à M. de Lionne, le 12 mars 1670, que par tout ce qu'il voyait, il pouvait dire sans crainte que « des lions déchaînés n'étaient pas *pis* (*sic*) que des cardinaux enfermés ».

des victimes. A un moment donné, il y en avait neuf qui étaient hors du conclave [1]. D'autres étaient retenus par des infirmités dans leur cellule, et restaient souvent plusieurs jours sans en sortir. En un mot, c'était le trouble, l'abattement et le désarroi. On ne savait ni à qui donner son suffrage, ni même à quelle faction s'adresser, pour choisir un candidat dont l'élection offrît des chances solides.

Le cardinal de Retz disait qu'il n'avait rien vu d'approchant au conclave d'Alexandre VII qui fut pourtant si long, et M. le duc de Chaulnes écrivait de son côté au roi les lignes suivantes : « Les projets que l'on peut faire sur l'avenir sont si incertains... que je n'oserai entretenir Votre Majesté que des choses passées. Cependant, Sire, pour prendre un peu plus de liberté, j'aurai l'honneur de dire à Votre Majesté qu'il n'y a rien de beau à faire dans la faction de Chigi que l'exaltation de Vidoni, tant par les attachements qu'il a toujours témoignés pour la France que pour ce qu'il est exclu par l'Espagne et par Chigi même. Mais ce dessein approche si fort de la vision que je n'en dirai que ce mot, et lorsque nous serons dans les autres factions, je tâcherai de faire tomber le sort sur quelqu'un, s'il se peut, le plus agréable à Votre Majesté, devant tout espérer de son pouvoir en cette cour, soutenu aussi bien qu'il l'est dans

---

[1] Archives des Affaires étrangères, lettre de M. le duc de Chaulnes au roi, 1er mars : « Il y a, Sire, neuf cardinaux présentement malades hors du conclave, entre lesquels sont le cardinal Antoine et M. le cardinal des Ursins. » Tous deux de la faction française. Dans la même lettre il est dit que Retz est très-fatigué, et que peut-être il sera obligé de sortir du conclave.

le conclave par MM. les cardinaux de Retz et de Bouillon,
et de mon zèle pour son service [1] ».

Ainsi notre ambassadeur, désorienté et à bout de ressources, en venait à désirer l'élection de Vidoni, c'est-à-
dire l'élection d'un sujet qui n'était pas exclu, sans doute,
par la faction française, mais à qui elle n'avait jamais
songé ni donné ses voix ; et encore cette élection était
impossible ; elle approchait de la *vision*. Hâtons-nous de
dire, pour être juste, que le conclave était à la veille de
changer d'aspect et de physionomie. Il n'y avait pas
encore de nouvelles négociations entamées ; mais les
anciennes étaient abandonnées ou à peu près, et peut-
être un ambassadeur était-il excusable, dans cet intervalle, de parler de Vidoni pour avoir quelque chose à dire
dans ses dépêches, et ne pas se compromettre dans des
projets aventurés.

Aucun des candidats proposés jusque-là ne pouvait
être élu, et il était visible pour tout le monde qu'il fallait
sortir des créatures de Chigi. Lui-même avait fini par en
convenir de bonne foi [2]. Mais pour aller dans les autres
factions, il y avait, selon l'expression de M. le duc de
Chaulnes, un défilé dangereux à traverser, et personne
ne voulait s'y hasarder [3]. Les partis se regardaient en

---

[1] Archives des Affaires étrangères, lettre de M. le duc de Chaulnes au
roi, 12 mars 1670.

[2] *Ibid.*, lettre du même à M. de Lionne, 12 mars 1670.

[3] *Ibid.*, lettre du même au roi, 11 février 1670. Dès le 11 février
il était question de sortir de la faction de Chigi, et notre ambassadeur
faisait à ce propos la réflexion que nous rapportons ci-dessus. « Si
les difficultés, disait-il, ne sont pas si grandes dans les autres factions,
le passage pour y aller est un défilé bien dangereux, dans lequel personne ne veut se hasarder.

face, en se tenant sur la défensive, comme deux armées qui craignent d'en venir aux mains ; et lorsque Chigi, avouant sa défaite, faisait des avances à ses adversaires et s'offrait à traiter avec eux, il ne rencontrait que la défiance. On refusait de s'ouvrir à lui ; on croyait que ses démarches n'étaient pas sincères, et qu'il ne voulait « que se promener dans les factions, et leur couper bras et jambes en passant [1] ». Un jour il envoya le cardinal de Médicis à Barberini, doyen du sacré collége, pour lui dire de sa part qu'ils étaient prêts tous les deux, ainsi que leur parti, à prendre un pape dans sa faction. Mais Barberini, redoutant quelque piége caché, se contenta de répondre à Médicis « que les cardinaux de sa faction étaient tous si vieux qu'il valait mieux les laisser vivre le peu qui leur restait avec honneur et en paix que de troubler leur repos ; qu'un pape lui était bon par toutes les factions, et que, les couronnes ayant un principal intérêt à cette grande affaire, il fallait leur communiquer toutes choses [2] ».

Les couronnes dont voulait parler Barberini étaient l'Espagne et la France, qui luttaient d'influence à Rome et convoitaient toutes deux l'honneur de porter un de leurs amis au pontificat. Mais l'Espagne était gravement atteinte par la ruine du parti de Chigi, et elle n'était plus en état d'imposer ses volontés. Dès l'ouverture du conclave, l'ambassadeur de Sa Majesté Catholique avait fait alliance avec le neveu d'Alexandre VII et Médicis, pour enlever, de concert avec eux, l'élection du pape. Il avait donné

[1] Archives des Affaires étrangères, lettre de M. le duc de Chaulnes à M. de Lionne, 12 mars 1670.
[2] *Ibid.*

son concours public à d'Elci, et annoncé d'avance à
Madrid son élection comme certaine. De d'Elci, il était
allé sans plus de succès à Bonnisi, se laissant guider en
aveugle par ses deux chefs. Mais à la fin il avait ouvert
les yeux, et se plaignait amèrement de l'un et de l'autre.
Il les accusait de n'avoir pas pas vu « clair dans les
affaires et de l'avoir engagé dans des pas d'où ils ne le
pouvaient retirer [1] ». Il n'avait que trop raison, et M. le
duc de Chaulnes disait à son sujet que si, pour comble
de malheur, « il était obligé de sortir de son parti, de
grand d'Espagne qu'il était, il n'y rentrerait que le plus
petit seigneur de son royaume, ou pour mieux faire, n'y
devrait pas rentrer [2] ».

La France avait eu une conduite plus sage ; elle avait
gagné toute l'influence perdue par l'Espagne. Pendant
trois mois elle avait assisté à la lutte des deux partis de
Rospigliosi, Barberini, l'Escadron d'un côté, de l'Espagne
et Chigi de l'autre, comme simple témoin, sans sortir de
la neutralité. Ses suffrages ne s'étaient jamais portés sur
aucun des candidats proposés ; elle les avait constamment
donnés au cardinal Antoine et au cardinal Grimaldi, et
elle s'était assurée de l'exclusion des sujets qui ne lui
étaient pas agréables, moyennant la promesse d'appuyer
Bonnisi, lorsqu'il ne lui manquerait plus pour être élu que
les voix dont elle disposait. Or dans une lutte si prolon-
gée toutes les factions s'étaient affaiblies et désunies ;
elles étaient de plus très-excitées les unes contre les
autres. Il ne restait que la nôtre qui pût négocier avec

[1] Archives des Affaires étrangères, lettre de M. le duc de Chaulnes à
M. de Lionne, 12 mars 1678.

[2] *Ibid.*, lettre du même au roi, 4 mars 1670.

8.

toutes sans distinction. Son prestige s'était accru de la diminution du prestige des autres, et elle était devenue l'arbitre nécessaire du conclave. C'était à elle de choisir et de faire le pape.

Nul doute que cette situation exceptionnelle ne fût l'œuvre du cardinal de Retz, et il était à la veille d'en recueillir le bénéfice pour le compte de la France.

Louis XIV avait témoigné le désir que le nouveau pape fût pris dans la faction de Clément IX, en reconnaissance des nombreux témoignages de bienveillance et de bonne volonté qu'il avait reçus du pontife défunt. Mais c'était chose bien difficile. La faction de Clément, qui avait à sa tête Rospigliosi, était très-faible et de plus exclue par Chigi. Nou ssavons nous-mêmes qu'à l'ouverture du conclave, elle avait fait alliance avec ce dernier, reconnaissant de bonne foi qu'elle ne pouvait pas exiger que le pape fût pris dans son sein. Ses prétentions semblaient devoir se réduire à prêter son concours à l'élection d'un sujet qui ne lui fût pas hostile. Mais Retz tenait à donner satisfaction à Louis XIV, et il avait le dessein bien arrêté d'amener le sacré collége à choisir le pape dans la faction que Sa Majesté avait désignée.

Lorsque les chances des candidats de Chigi furent épuisées, les chefs de faction s'adressèrent naturellement à notre cardinal, tant parce qu'il représentait la France qu'à cause du prestige que lui donnaient son nom et sa capacité. Médicis, qui lui avait déjà exprimé une première fois l'intention de s'entendre avec lui sur le choix d'un candidat, vint lui renouveler ses offres de service[1].

[1] Archives des Affaires étrangères, lettre de M. le duc de Chaulnes à M. de Lionne, 1er avril 1670 : « M. le cardinal de Retz mande qu'il a eu

Chigi fit de même. Il s'était jusqu'alors tenu éloigné de Retz, et avait témoigné la plus grande défiance envers lui, sous le prétexte que l'ancien frondeur était l'ami de ses ennemis[1]. Mais il changea tout à coup d'attitude et de langage. Il se rendit auprès de lui, et lui déclara qu'il avait toute sa confiance, et qu'il désirait user de son intermédiaire pour se rapprocher d'Azzolini et de l'Escadron, comme il s'était déjà rapproché de Rospigliosi. Il ajouta qu'il était tout disposé à servir la France, et à agir envers elle comme il avait agi dans le précédent conclave. Quant à son union avec l'Espagne pour laquelle il pouvait être suspect, elle n'existait plus, et l'on aurait sous peu ja preuve évidente qu'il était redevenu libre et maître de lui-même, voulant sans doute faire allusion à la prochaine arrivée du cardinal Porto-Carrero, qui devait se mettre à la tête de la faction d'Espagne dirigée jusque-là par Médicis[2]. Ainsi l'entente s'établissait entre les principaux chefs du conclave, sous les auspices de Retz. L'ambassadeur de Sa Majesté Catholique avait tenté de la traverser quelque temps auparavant, en proposant l'élection d'Odescalchi, sans la participation de la France. Mais cette tentative avait échoué comme les précédentes[3],

une très-grande conférence avec le cardinal de Médicis, qui lui a fait mille protestations de ne vouloir rien faire contre la France et même de vouloir négocier avec lui pour le choix d'un bon sujet. »

[1] Archives des Affaires étrangères, lettre de M. le duc de Chaulnes au au roi, 22 avril 1670.

[2] *Ibid.,* lettre du même au même, 22 avril 1670 : « Le cardinal Porto-Carrero arriva le 19. J'envoyai un gentilhomme au-devant de lui; je le fus visiter le 20, selon le cérémonial... Il me parut d'une humeur fort douce et peu espagnole. »

[3] *Ibid.,* lettre du même à M. de Lionne, 25 mars 1670.

et l'on peut dire que le pontificat était entre les mains de notre cardinal.

Mais il fallait user de prudence, et choisir un sujet qui pût être accepté, sans réveiller les rancunes et les animosités mal éteintes. Les candidats qui jusque-là avaient échoué étaient hors de cause; il n'y avait pas à penser à eux; il était même dangereux de s'adresser aux factions dans lesquelles ils avaient été pris. Retz avait une trop grande connaissance des hommes pour l'ignorer. Aussi il proposa d'entrer dans celle de Rospigliosi, dont aucun des membres n'avait encore été ballotté au scrutin, et dans cette faction il proposa de faire pape le cardinal Altieri. Cette élection était un coup terrible pour Chigi, qui avait exclu la faction tout entière. Néanmoins il promit de l'appuyer, parce qu'il craignait, en s'y opposant, de faciliter l'exaltation de Vidoni, sous lequel il eût été certainement en disgrâce. Barberini était favorable à Altieri, et Médicis consentit sans trop de difficultés à voter pour lui. Quant à Rospigliosi, que l'on juge de sa joie! Depuis l'ouverture du conclave, il avait presque été constamment sur le bord du précipice, et il venait d'en être tiré d'une façon si glorieuse que c'était une de ses créatures qu'il s'agissait de porter au pontificat[2].

Les négociations s'étaient passées entre les chefs des factions. Seuls l'Escadron et l'Espagne en avaient été exclus. Voici comment M. le duc de Chaulnes raconte qu'on les en instruisit et que s'accomplit l'élection d'Altieri : « Le cardinal Chigi, dit-il, m'envoya assurer le 28 (avril), à huit heures du soir, qu'il était pressé de tenir

---

[1] Archives des Affaires étrangères, lettre de M. le duc de Chaulnes au roi, 22 mars 1670.

sa parole. Je le priai de le faire savoir à M. le cardinal François Barberini et à M. le cardinal Rospigliosi... Le secret fut gardé jusqu'au lendemain matin; et comme l'Espagne et l'Escadron étaient les seules factions qui n'en avaient pas eu de part, le cardinal Chigi se chargea de le dire à M. le cardinal de Médicis, pour qu'il le dît au cardinal Porto-Carrero et négocier l'affaire pour le jour suivant. MM. les cardinaux d'Est, de Retz et de Bouillon concertèrent avec les cardinaux François Barberini et Rospigliosi, sous la forme d'en parler à l'Escadron, qui n'y inclinait pas. Il fut résolu que le cardinal Rospigliosi romprait la glace, et qu'il serait soutenu en cas de besoin de M. le cardinal de Retz; cela fut exécuté bien à propos, le secours du cardinal de Retz *ayant été si nécessaire que sans lui* l'Escadron eût peut-être obtenu un délai qui eût tout rompu. Il entraîna l'Escadron, et en même temps que l'on vit tout en balance, ayant fait connaître au dedans le risque qu'il avait de différer... M. le cardinal de Bouillon fut trouver le cardinal Chigi pour lui dire qu'il fallait faire l'affaire sur l'heure; il donna cette marque de soumission au désir de Votre Majesté, et dans un moment, sur la déclaration que le pape était fait, tous messieurs les cardinaux concoururent à celle de M. le cardinal Altieri, et depuis que l'on concerta d'en parler jusqu'à la conclusion de ce grand ouvrage, il ne passa pas plus de deux heures. Ainsi l'on peut dire avec vérité, et tout le monde ici en est convaincu, que c'est l'ouvrage des seules mains de Votre Majesté[1]. »

[1] Archives des Affaires étrangères, lettre de M. le duc de Chaulnes au roi, 1er mai 1670.

M. le duc de Chaulnes était on ne peut plus satisfait de l'élection du cardinal Altieri, et la France, selon lui, y avait eu sans comparaison plus de part et d'honneur que dans celle du feu pape, comme l'avait fait connaître le dénoûment du conclave. Ainsi « le cardinal Chigi, disait-il, qui avait exclu si hautement la faction de Clément, a été forcé de se dédire et de concourir à un sujet de ladite faction, et l'ambassadeur d'Espagne, qui semblait pouvoir tout soumettre à ses volontés, n'a pas su l'exaltation deux heures devant, ayant envoyé (sans exagération) un gentilhomme du conclave, pour savoir ce que c'était du bruit de l'exaltation du cardinal Altieri, dans le temps que j'y arrivai pour lui baiser les pieds à la fin du scrutin[1] ». Par contre, il rendait hommage à l'union de la faction française, qui pendant quatre mois ne s'était pas démentie un seul instant et lui avait acquis une grande réputation. Tous les cardinaux qui en faisaient partie avaient bien fait leur devoir et s'étaient conduits de façon à le satisfaire pleinement. Mais il avait pour deux d'entre eux une mention toute spéciale. « Sire, écrivait-il au roi, je ne puis exprimer avec combien de zèle MM. les cardinaux de Retz et de Bouillon se sont conduits dans ce conclave, et avec quelle application et quelle hauteur ils ont soutenu la gloire de Votre Majesté[2]. » Ces paroles n'étaient nullement exagérées à l'égard de Retz; car il est certain que l'élection du nouveau pape était à peu près exclusivement son œuvre. C'est lui qui l'avait préparée et menée à bonne fin.

[1] Archives des Affaires étrangères, lettre de M. le duc de Chaulnes au roi, 1er mai 1670.

[2] *Ibid.*

Toute la France se réjouit en apprenant que le cardinal Altieri était pape, et lorsque la nouvelle en fut connue à Paris, elle produisit la meilleure impression. Les ministres furent les premiers à en témoigner leur satisfaction, et le firent dans des termes qui renchérissent encore sur ceux que nous avons vus employés par M. le duc de Chaulnes. « Rien, écrivait Le Tellier, ne pouvait arriver de plus avantageux à la France que le choix qui a été fait, et je vous affirme que j'en ai en mon particulier une extrême joie [1]. » « La nouvelle de l'élection du pape Clément X, écrivait à son tour Colbert, a été reçue ici de tout le monde avec la joie que vous pouvez imaginer, et la perte du défunt pape ne pouvait être réparée par un sujet plus digne de remplir le saint-siége [2]. » Citons enfin les termes dont M. de Lionne saluait l'avénement du nouveau pontife. « Tout ce royaume, lisons-nous dans une de ses lettres, est en fête de la digne exaltation de notre saint-père le pape, se persuadant que ce pontificat-ci ne sera en toutes choses qu'une continuation du précédent [3]. »

Les sentiments du nouveau pontife répondaient en tout point à ceux que l'on avait pour lui en France, et il ne laissait passer aucune occasion de les exprimer. Dans les premières audiences qu'il accorda à notre ambassadeur, au sortir du conclave, il le remercia de la conduite que les cardinaux français y avaient tenue à son égard ; il lui dit également qu'il savait les obligations qu'il avait à Sa Majesté Très-Chrétienne, et qu'il ne serait pas un ingrat,

---

[1] Archives des Affaires étrangères, lettre de Le Tellier à M. l'abbé de Bourlemont, 16 mai 1670.

[2] *Ibid.*, lettre de Colbert à M. l'abbé de Bourlemont, 17 mai 1670.

[3] *Ibid.*, lettre de M. de Lionne à M. l'abbé de Bourlemont, 20 mai 1670.

ajoutant qu'il avait pris le nom de son prédécesseur, et qu'il n'aurait pas moins de reconnaissance que lui envers Louis XIV [1].

Ainsi, la France était satisfaite du nouveau pape, et le nouveau pape était satisfait de la France. Le pontificat de Clément X s'annonçait sous des auspices non moins favorables que celui de Clément IX, et tout faisait présager qu'il y aurait toujours entre la cour de Versailles et le saint-siége les relations les plus bienveillantes et les plus cordiales.

[1] Archives des Affaires étrangères, lettre de M. le duc de Chaulnes au roi, 1er mai 1670.

CHAPITRE III

Quelques jours après le couronnement de Clément X,
le cardinal de Retz partit de Rome pour retourner à Commercy. A son arrivée, il reçut une lettre de félicitation
écrite de la main même du roi [1]. Nous n'avons point
trouvé le texte de cette lettre au ministère des affaires
étrangères; elle ne figure pas dans la correspondance de
Rome; mais nous savons qu'elle fut écrite, par une lettre
de Retz adressée à M. de Lionne, que l'on nous permettra
de citer en entier, à cause des précieux renseignements
qu'elle contient. « J'ai reçu, écrivait le cardinal, par M. le
duc de Chaulnes la lettre dont il a plu au roi de m'honorer, et comme le respect m'empêche de lui en faire
moi-même mes très-humbles remercîments, j'espère, Monsieur, ce bon office de votre bonté; j'en ai tant de
marques que, si je me croyais, je vous en témoignerais
à tout moment ma reconnaissance; mais, au moins, je
vous conjure d'être persuadé qu'elle ne sortira de mon
cœur qu'avec ma vie, et que ce cœur est très-véritable-

[1] *Mémoires,* vol. I, p. XXIII.

ment à vous. Je ferai avec joie ce que vous souhaitez touchant l'histoire du conclave, mais je vous demande un peu de temps, c'est-à-dire, celui qui sera nécessaire pour faire des remèdes contre les douleurs d'une sciatique qui commence à me tourmenter; si cet excellent remède pour les yeux, dont vous me parlez, avait réussi, je ne me servirais pas de la main d'un autre pour vous assurer de la continuation de mes services très-passionnés et vous dire que je suis et serai toute ma vie, avec autant de tendresse que de respect, votre, etc. [1] .»

Ainsi, en même temps que le roi remerciait Retz du zèle et du dévouement qu'il avait montrés au conclave de 1670, M. de Lionne lui demandait d'en écrire l'histoire. C'était une flatterie délicate à l'adresse du vieux frondeur; c'était une invitation à faire son panégyrique, puisque l'élection de Clément X avait été le chef-d'œuvre de son habileté, et Paul de Gondi avait trop de vanité pour s'y refuser. Mais il était malade et presque aveugle. Il fallait attendre, et l'année suivante M. de Lionne mourut [2]. Il est probable qu'il ne fut plus question dès lors de l'histoire du conclave. Le cardinal se réservait simplement de l'insérer à sa place dans ses *Mémoires,* qu'il était en train de composer. Mais, vers 1675 [3], il s'opéra un grand changement en lui. Après avoir vécu en Catilina dans sa jeunesse, et en Atticus depuis son retour en France, il voulut, avant de mourir, faire une pénitence

---

[1] Archives des Affaires étrangères, lettre du cardinal de Retz à M. de Lionne, Commercy, 7 juillet 1670.

[2] M. de Lionne mourut le 1er septembre 1671.

[3] Voyez M. GAZIER, *Les dernières années du cardinal de Retz,* p. 160.

exemplaire des déréglements de sa vie passée. Il abandonna alors la composition de ses *Mémoires* et tout ce qui pouvait flatter sa vanité.

Cette conversion de Retz est fort discutée. Elle a trouvé des incrédules au dix-septième siècle, comme la Rochefoucauld, Bussy-Rabutin, et encore plus dans le nôtre. Mais M. Gazier, dans sa *Thèse sur les dernières années du cardinal,* a démontré, à l'aide de documents inédits, que cette conversion avait été véritable et sincère. Nous ne voulons pas refaire l'intéressant chapitre que M. Gazier a consacré à ce sujet. Mais nous avons en main de nouveaux documents qu'il n'a pas connus, et qui confirment son opinion de la façon la plus péremptoire : c'est la correspondance échangée entre Louis XIV et le saint-siége, lorsque Retz voulut se démettre du cardinalat. Le renvoi de son chapeau au pape eut pour motif, non pas le besoin de faire parler de lui, mais la résolution arrêtée de quitter le monde pour s'enfermer dans un cloître. « Rendu à lui-même après les agitations de sa vie, dit l'ancien Rituel de Paris, il s'adonna avec joie aux œuvres de piété. Il voulut même échanger la pourpre contre le capuchon de moine; mais le souverain pontife l'obligea à rester cardinal [1]. » Les documents que nous avons recueillis au ministère des affaires étrangères peuvent servir de commentaires à l'ancien Rituel de Paris, qui, en pareille matière, a bien une certaine autorité. Ils montrent

---

[1] *Rituale Parisiense auctoritate D. Hyacinthi-Ludovici de Quelen, Parisiensis archiepiscop., editum :* « Sedatis vitæ tumultuosa procellis, sibi redditus, in placido pietatis portu suavissime conquievit. Purpuram cuculla monastica mutare volens, a summo pontifice jussus in cardinalium ordine permanere. » P. 26.

avec la dernière évidence que Retz voulut renoncer au cardinalat par un motif de piété et de religion.

Il était cardinal national, c'est-à-dire qu'il avait été nommé par le pape sur la présentation de la France. A ce titre, il touchait un traitement spécial que lui faisait le gouvernement, et il ne pouvait pas se démettre de la pourpre sans le consentement du roi. Aussi, au commencement de 1675, il fit un voyage à la cour et s'ouvrit à Louis XIV de son dessein. Sa Majesté ne s'attendait certainement pas à une pareille résolution, et n'y fut pas indifférente. Pour la faire approuver, il fallut que le cardinal insistât et déclarât hautement qu'il voulait se faire religieux et finir sa vie dans la pénitence. « Vous verrez, écrivait le roi à M. le duc d'Estrées, ambassadeur à Rome, à la date du 3 juin 1675; vous verrez, par les lettres du cardinal de Retz [1] que je vous envoie, ce qui me donne aujourd'hui sujet de vous écrire. Il s'était déclaré à moi, il y a déjà quelque temps, du dessein qu'il avait pris d'enterrer le reste de sa vie dans la solitude, et, en s'éloignant du monde, de renoncer à la dignité de cardinal. Je n'ai pu (ainsi qu'il a voulu) ne pas approuver une si pieuse résolution, et quoiqu'il diminue en cette sorte le nombre des cardinaux qui dépendaient de moi dans le sacré collége, je n'ai pas voulu m'opposer à une pensée sainte par elle-même et qui sera sans doute de grande édification dans l'Église. Après le consentement que j'y ai donné, il s'est acquitté de ce qu'il devait au pape et au

---

[1] M. Champollion-Figeac, dans l'édition des *Mémoires* qu'il a publiée chez Charpentier, fait observer, dans une notice consacrée à Retz, que le cardinal, à partir de 1671, changea l'orthographe de son nom et adopta celle de ses ancêtres, en écrivant de Rais.

sacré collége en remettant entre les mains de Sa Sainteté le chapeau de cardinal. Les lettres qu'il leur écrit expliquent les pieux motifs qui le portent à se dépouiller de cette dignité. Mon intention est que vous remettiez au cardinal Barberini, doyen du sacré collége, celles qu'il écrit à tous les cardinaux et à lui en particulier [1]. » Par le même courrier, M. de Pomponne, successeur de M. de Lionne aux Affaires étrangères, écrivait de son côté au duc d'Estrées : « Les lettres de M. le cardinal de Retz que je vous envoie vont faire voir à Rome un exemple d'une grande piété et d'une grande vertu. On ne peut douter qu'il n'y soit reçu avec beaucoup d'estime et d'éloge. On est partagé ici sur cette affaire : les uns croient que le sacré collége ne donnera pas volontiers les mains qu'un homme de si grand mérite sorte de son corps ; les autres croient qu'on acceptera avec plaisir un chapeau que l'on sera maître de remplir [2]. » Ainsi la pénitence et la résolution prise d'enterrer le reste de sa vie dans la solitude, telles sont les raisons que Retz donnait à Louis XIV pour lui faire accepter sa démission de cardinal. M. de Pomponne, ministre des Affaires étrangères et ami de l'ancien frondeur, ne mettait nullement en doute ces raisons, et il les proposait à la cour de Rome comme un exemple de grande piété et de grande vertu. Or on ne peut pas croire que le plus fidèle et le plus empressé des courtisans n'eut d'autre but que de se moquer du roi sans aucun motif plausible. On ne peut pas admettre davantage que, par cette démarche, il ait voulu

---

[1] Archives des Affaires étrangères.
[2] *Ibid.*, lettre de M. de Pomponne à M. le duc d'Estrées, 3 juin 1675.

jouer la comédie en présence de la France et de l'Europe qu'il avait remplies du bruit de son nom.

D'ailleurs, non-seulement Louis XIV et son ministre crurent à la sincérité de la conversion de Retz et à son dessein d'embrasser la vie religieuse, mais les hommes les plus graves et les plus sérieux du dix-septième siècle y crurent. Parmi les nombreux témoins cités à ce sujet par M. Gazier[1], qu'il nous suffise de rappeler Bossuet[2] et le maréchal de Turenne[3], qui, au moment de partir pour sa dernière campagne, disait au cardinal lui-même qu'il avait l'intention de l'imiter, et qu'il voulait, à son exemple, mettre quelque temps entre la vie et la mort pour ne pas mourir sur le coffre.

Lorsque le roi eut accepté la démission de Retz, il en donna avis au nonce apostolique et fit parvenir par l'intermédiaire de notre ambassadeur à Rome les lettres qui étaient adressées au pape et au sacré collége. Mais il fut devancé par les dépêches du nonce, et aussitôt que le Pape les eut reçues, il tint un consistoire où il se prononça contre la démission qu'on lui envoyait. « Plusieurs lettres de Paris arrivées par le dernier ordinaire, écrivait le duc d'Estrées, portent que M. le cardinal de Retz, ayant pris la résolution de se retirer tout à fait du monde et de renoncer même à son chapeau, l'avait fait agréer à Votre Majesté, et qu'au plus tôt il viendrait ici des lettres et ordres sur ce sujet..... Comme il se peut passer dans les consistoires des affaires qui regardent le service de Votre

---

[1] *Les dernières années du cardinal de Retz,* 2ᵉ partie, chap. IV et V.

[2] Voyez le portrait de Retz, tracé par Bossuet, dans l'*Oraison funèbre de Michel Le Tellier.*

[3] Lettre de madame de Sévigné à sa fille, 2 août 1675.

Majesté, MM. les cardinaux Ursini, Grimaldi et d'Estrées
se sont trouvés dans celui qui se tint hier matin, où le
pape entra de lui-même avec M. le cardinal Ursini sur le
sujet de M. le cardinal de Retz, et Sa Sainteté dit qu'elle
ne recevrait point son chapeau quand il le lui voudrait
remettre, que cela n'était pas honorable pour la dignité
du cardinal, qu'elle voudrait savoir auparavant, de la
bouche de M. le cardinal de Retz, les raisons qu'il en
avait, pour savoir si elles étaient recevables [1]. »

Le consistoire s'était tenu le 18 juin. Les jours suivants, Clément X fit rédiger deux brefs dont l'un fut
adressé au cardinal et l'autre à Louis XIV. Le premier est
connu [2]. M. de Chantelauze et M. Gazier en ont cité les
passages les plus importants. Voici la traduction de celui
qui fut envoyé au roi : « Nous avons appris [3], disait le
souverain pontife, par le canal de notre fils bien-aimé le
cardinal Spada, qui remplit les fonctions de nonce apostolique auprès de Votre Majesté, que notre fils également
bien-aimé Jean-François-Paul de Gondi, cardinal de Retz,
nous écrivait pour nous annoncer son dessein de renoncer à la dignité de cardinal ainsi qu'aux abbayes et
autres bénéfices qu'il possède avec l'approbation de
notre autorité apostolique, pour se retirer dans le couvent de Saint-Mihiel et y embrasser la vie monastique.
Bien que ses vertus nous donnent la certitude que c'est

---

[1] Archives des Affaires étrangères, lettre du duc d'Estrées au roi,
19 juin 1675.

[2] Dans ce bref, le pape disait au cardinal de Retz : « Quand même vous
auriez des ailes pour vous emporter dans la solitude, n'oubliez pas
qu'elles sont liées par les préceptes, et que sans notre permission vous
ne pouvez pas prendre votre essor. »

[3] Archives des Affaires étrangères, bref du pape au roi, 22 juin 1675.

par amour du repos et de la vie contemplative qu'il a embrassé ce dessein, et non pas pour se soustraire à une charge, néanmoins, nous ne pouvons pas y consentir. Car ce serait porter un trop grave préjudice à notre siége apostolique que de nous priver actuellement des services d'un homme de si grand mérite. C'est pourquoi nous lui avons fait connaître qu'il nous était impossible d'accéder à son désir. Nous lui avons commandé de demeurer dans cette élévation où il a plu au Très-Haut de le placer, et nous avons cru devoir faire part de notre décision à Votre Majesté afin qu'elle nous aide à faire revenir Son Éminence sur une résolution qu'elle a prise à notre insu [1]. »

La démission du cardinal de Retz préoccupait au plus haut point le sacré collége, et elle était l'objet des discussions les plus animées. Dans le consistoire du 18 juin, si le souverain pontife ne l'avait pas absolument rejetée, il avait assez clairement manifesté ses sentiments, et il n'était pas probable qu'on pût l'en faire changer. On cherchait des exemples dans le passé, et tous ceux que l'on trouvait étaient contraires à Retz. « Par le discours que le pape fit au cardinal Ursini dans le dernier consistoire, écrivait le cardinal d'Estrées, frère de l'ambassadeur, vous aurez vu combien cette cour a paru effarouchée d'une pareille résolution. Depuis ce temps-là, au lieu de s'y accoutumer, il semble que le palais et les car-

---

[1] On dirait que madame de Sévigné avait lu le bref adressé par le pape au roi, lorsqu'elle écrivait au sujet de Retz : « On disait l'autre jour en bon lieu que l'on ne connaissait point d'hommes au-dessus des autres hommes que lui et M. de Turenne ; le voilà donc seul dans ce point d'*élévation*. » Le mot *élévation* traduit à merveille l'expression du bref : « *in ea statione* », etc. Voir l'Appendice, n° VIII.

dinaux se soient fortifiés à la combattre, et quoiqu'on en allègue divers exemples dans ceux qui ne sont pas engagés aux ordres sacrés, on prétend qu'il n'y en a point à l'égard des cardinaux prêtres ou évêques. On va rechercher la retraite de Pierre Damiens qui voulut renoncer au cardinalat et à l'évêché d'Ostie. Mais le pape ne l'agréa pas et ne pourvut jamais à cet évêché pendant sa vie, prétendant qu'il était toujours rempli. On cite un exemple plus récent d'un cardinal de la Porte auquel Innocent VIII avait permis de bouche de se démettre du chapeau, et qui toutefois fut obligé de revenir à Rome et d'y paraître en cardinal, où il mourut six mois après y être revenu. Enfin l'on conclut qu'il est d'une conséquence si dangereuse d'admettre ces décisions que, si elles avaient lieu, il semblerait qu'on voulût réduire le cardinalat que cette cour regarde comme la condition la plus parfaite et la plus élevée qui soit dans l'Église, aux termes d'une dignité séculière ou d'un obstacle à la perfection du christianisme. Tous les cardinaux sont imbus de ces maximes, et je ne crois pas qu'ils s'en départent. Ainsi je doute que cette grande et illustre marque de détachement que M. le cardinal de Retz vient de donner puisse avoir aisément son effet [1]. »

Il était donc bien inutile d'insister pour faire accepter la démission de Retz. A Rome, on était résolu à la refuser. Le cardinal d'Estrées disait qu'il en avait « l'assurance presque infaillible ». Aussi son avis était de ne pas remettre les lettres écrites au pape et au sacré collége

<hr>

[1] Archives des Affaires étrangères, lettre du cardinal d'Estrées à M. de Pomponne, 12 juillet 1675.

par l'illustre pénitent, et comme ces lettres étaient entre
ses mains, il proposait de les supprimer ou au moins
d'attendre une meilleure occasion. Mieux valait, selon
lui, suspendre les négociations que d'aller au-devant d'un
échec certain [1].

Louis XIV, du reste, pouvait être renseigné sur les
intentions du saint-siége par le bref du 22 juin. Le pape
y déclarait assez nettement qu'il ne permettrait pas à
Retz de quitter la pourpre. Il allait même jusqu'à taxer
la résolution du cardinal de désobéissance. Craignant
que cette résolution n'eût été mal interprétée, Paul de
Gondi s'empressa d'adresser une nouvelle lettre à Clément X, dans laquelle il protestait de sa parfaite soumission au saint-siége et se déclarait prêt à obéir aux
ordres de Sa Sainteté, tout en insistant à nouveau pour
obtenir la permission de renoncer à son chapeau et de se
retirer du monde [2]. Mais ses vœux ne furent pas exaucés.

[1] Archives des Affaires étrangères, lettre du cardinal d'Estrées à
M. de Pomponne, 12 juillet 1675 : « Il plaira à Sa Majesté de déterminer
si l'on doit rendre les lettres de M. le cardinal de Rais dans une assurance
presque-infaillible que sa résolution ne sera pas admise. »

[2] Dans le bref du 22 juin, il y avait cette phrase : « *Hæc autem Majestati tuæ indicanda esse censuimus, ut ipsa quoque illum ab* inconsulta
hujusmodi cogitatione abducere dedignetur. » Retz, craignant de passer
pour un rebelle, s'empressa de répondre par une lettre de soumission et
d'obéissance que nous reproduisons d'après la traduction qu'en a donnée
M. Gazier :

« Très-Saint Père,

« J'ai vu par le bref de Votre Sainteté qu'elle connaissait mon dessein
de quitter la pourpre avant de recevoir la lettre par laquelle je lui en
demandai l'autorisation. J'ai vu aussi que l'on avait présenté ma résolution de telle sorte que je semblais non-seulement vouloir échanger mon
chapeau de cardinal contre un capuchon de moine, mais encore exécuter
ce projet sans *consulter* le saint-siége, ou du moins sans attendre sa
permission. J'étais fâché, Très-Saint Père, d'avoir été devancé par la

Le pape lui répondit par un second bref dans lequel il lui enjoignait de conserver la pourpre : « Je vous y exhorte, disait-il affectueusement, et je vous le commande par mon autorité apostolique[1]. » Le sacré collége, de son côté, écrivait au cardinal, en réponse à celle qu'il en avait reçue, une lettre fort élogieuse dans laquelle il exprimait le vœu que Son Éminence reviendrait sur sa détermination, et ne se séparerait pas d'un corps dont elle était la gloire par ses mérites et ses vertus. Voici le

rumeur publique ; surtout je déplorais de voir mes sentiments interprétés de telle sorte que ma résolution paraissait enlever quelque chose, et à l'honneur que je rends à Votre Sainteté, comme au saint-siége, et à la soumission que j'aurai pour l'un et pour l'autre jusqu'à mon dernier soupir. Toutefois j'avais lieu d'espérer que Votre Sainteté, après avoir lu ma lettre, entrerait dans mes sentiments, et comprendrait que je n'ai rien fait contre l'obéissance due au saint-siége, rien entrepris qui pût porter atteinte à l'honneur du sacré collége. Je dirais plus, je me persuadais, Très-Saint Père, que sans doute, convaincu par mes raisons, vous approuveriez mon dessein et me permettriez de l'exécuter. C'est pourquoi je vous écris plus tard que je n'eusse fait si l'espoir de vous fléchir ne m'avait nourri, et ne m'avait fait attendre que je connusse quel serait votre sentiment après avoir pesé les raisons de ma lettre. Mais M. le cardinal Spada semble m'enlever tout espoir ; il me fait comprendre que sans doute, même après avoir reçu ma lettre, Votre Sainteté ne me répondra que quand elle me saura disposé à lui obéir. En outre, si je différais plus longtemps ma réponse, on pourrait croire à une désobéissance, ou du moins soupçonner un manque de soumission au saint-siége. Aussi, Très-Saint Père, je conjure Votre Sainteté de ne pas croire que la pensée de vous désobéir ou d'éluder vos ordres ait causé ce retard ; qui pourrait se persuader que je n'eusse le plus vif désir de mériter, et si je puis, de reconnaître tant de marques de bienveillance et de bonté qui accablent mon indignité? J'oserai néanmoins, avec votre permission, Très-Saint Père, et sans manquer à l'obéissance que je vous dois, vous conjurer de considérer ma faiblesse, de juger de ma vie passée, et enfin de diriger ces ailes qui m'emporteraient vers la solitude, de telle sorte que je puisse atteindre celui qui veut me sauver. » *Les Dernières Années du cardinal de Retz,* p. 167, 168.

[1] *Ibid.,* p. 168.

sens de cette lettre, rédigée, dit-on, par le secrétaire du
sacré collége Guido Passioni[1] : « Nous avons appris avec
une grande surprise par les lettres de Votre Éminence
qu'elle avait pris tout récemment la résolution de quitter
la pourpre et de renoncer au titre de cardinal. La dignité
dont nous sommes revêtus n'est point un obstacle au
salut ni à la sainteté de la vie. Que d'hommes éminents,
en effet, dans la pourpre et dans l'accomplissement fidèle
des devoirs qui y sont attachés, ont sû non-seulement
mériter les louanges des hommes, mais encore acquérir
les récompenses éternelles!... Après avoir donné toute
votre vie l'exemple des bonnes œuvres, et lui dans l'u-
nivers entier comme un phare au sommet d'une mon-
tagne, vous imprimeriez une tache à notre corps en
même temps que vous mettriez la lumière sous le bois-
seau, si, pour votre propre repos, vous renonciez à la
dignité de cardinal. L'éclat de votre génie, votre expérience des affaires et votre science consommée des choses
divines et humaines vous désigneraient aux suffrages du
sacré collége, si vous ne lui apparteniez, bien loin qu'il
consente à se séparer de vous. Aussi, après nous être
informés des intentions de Sa Sainteté que nous savons
vous être connues, nous n'avons pas hésité à faire tous
nos efforts pour détourner Votre Éminence de son dessein. Après y avoir mieux réfléchi, elle comprendra elle-
même que la pourpre qui a été jusqu'à présent un
fardeau léger pour ses épaules ne l'empêchera pas désor-
mais de penser à son salut... Que votre lumière brille
donc non dans un lieu d'horreur, non au fond d'un

---

[1] M. de Chantelauze, dans *Port-Royal*, t. V. *Le Cardinal de Retz et les
jansénistes*, Appendice, p. 590.

désert, mais devant les hommes, pour éclairer vos bonnes
œuvres... Que Votre Éminence continue de vivre en
cardinal et se bâtisse plutôt une solitude dans son cœur,
afin que ses vertus aient plus d'éclat, pour la gloire
et l'honneur du sacré collége... En nous exprimant
avec cette liberté, nous n'avons point voulu molester
Votre Éminence, mais seulement avertir notre frère
bien-aimé qu'il s'est effrayé là où il n'y avait pas lieu
de s'effrayer. Nous adressons à Dieu, en finissant, les
vœux les plus ardents pour Votre Éminence, et nous la
supplions avec instance de se soumettre aux ordres de
Sa Sainteté, afin qu'après avoir été unis à elle pendant
la vie, nous n'en soyons point séparés à l'heure de la
mort [1]. »

Le second bref du pape et la lettre du sacré collége
ne laissaient plus aucun doute sur les intentions du
saint-siége; il ne voulait pas accepter la démission de
Retz. Louis XIV ne se montra point offensé de cette résistance. Il se contenta de donner ordre au cardinal d'Estrées de ne pas continuer les négociations, et témoigna
qu'il était très-satisfait de voir un homme aussi distingué
que l'ancien archevêque de Paris rester cardinal. « Je
vous ai déjà fait savoir, écrivait M. de Pomponne, le
12 octobre 1675, je vous ai déjà fait savoir, Monseigneur, que loin que le roi combattît la difficulté que
faisait le pape sur la démission de M. le cardinal de Retz,
Sa Majesté ne pouvait voir qu'avec satisfaction qu'un
sujet de ce mérite fût conservé dans le sacré collége.
Ainsi il ne sera point nécessaire que Votre Éminence

---

[1] Archives des Affaires étrangères, lettre du sacré collége au cardinal de Retz, 9 septembre 1675. Voir l'Appendice, n° IX.

s'emploie pour faire cesser la disposition de Sa Sainteté [1]. »

Retz restait donc cardinal, ou, selon l'expression de madame de Sévigné, il était *recardinalisé* malgré lui. Il avait bien eu véritablement l'intention de renoncer à la pourpre, voulant consacrer le reste de sa vie à la retraite et aux œuvres de pénitence. Louis XIV, M. de Pomponne, son ministre, et les plus graves personnages du dix-septième siècle, ne mirent pas en doute les motifs qui avaient présidé à cette résolution extraordinaire. A Rome, on n'y chercha pas davantage finesse. Le saint-siége fut touché de l'exemple d'humilité et de vertu que voulait donner le cardinal; mais il n'accepta pas son abdication, parce qu'elle ne lui paraissait pas convenable pour la dignité du cardinalat, et aussi parce qu'elle créait un précédent fâcheux dont on pourrait abuser dans la suite et dont les princes, par exemple, ne manqueraient pas de s'autoriser pour faire et défaire à leur gré les cardinaux en vue des conclaves. Tel est le sens véritable de toutes les pièces que nous avons produites.

Mais de nos jours, on a prétendu [2], contre l'évidence même, qu'à Rome on n'avait point ajouté foi à la conversion du vieux frondeur, et la principale preuve que l'on en donne, c'est la lettre du sacré collége dont nous avons traduit les passages les plus saillants, et si l'on veut, les plus hyperboliques. Pour faire sentir à Retz qu'ils n'étaient pas dupes, dit-on, les cardinaux restèrent plu-

---

[1] Archives des Affaires étrangères, lettre de M. de Pomponne au cardinal d'Estrées, 11 octobre 1675.

[2] Voyez *Port-Royal,* t. V, Appendice, p. 590. Mémoire de M. de Chantelauze, intitulé : *le Cardinal de Retz et les jansénistes.*

sieurs mois avant de répondre à la lettre qu'il leur avait adressée. C'est là une erreur profonde. Les lettres de Retz au pape et au sacré collége avaient été expédiées dès les premiers jours de juin. Mais le cardinal d'Estrées ne s'était pas pressé de les remettre; il les avait encore entre les mains le 28 août, car il écrivait à cette date : « Puisque Sa Majesté commande que les lettres de M. le cardinal de Rais [1] sur le dessein de sa démission soient rendues, je ne manquerai pas d'y satisfaire [2]. » Elles ne purent donc être remises que vers le commencement de septembre ; or la réponse du sacré collége est datée du 9 du même mois [3]. Nous devons donc conclure que les cardinaux furent très-émus de la détermination de Retz, et lorsqu'ils eurent reçu sa lettre, ils s'empressèrent d'y faire une réponse des plus flatteuses.

Nous ne nions pas que, dans cette pièce, il y a bien des expressions pompeuses et des éloges peu mérités qui nous font l'effet de contre-vérités. Mais le sacré collége, en les adressant à Retz, n'avait aucune intention ironique. Il croyait à peine exagérer. La jeunesse de l'ancien frondeur n'était pas connue à Rome. On croyait qu'il avait été toute sa vie un modèle de vertu et de piété. Dans les différents séjours qu'il avait faits auprès du saint-siége, il avait toujours eu une conduite extérieure irréprochable, et les cardinaux les plus recommandables et les plus considérés, comme Barberini, étaient ses amis dévoués. Il

---

[1] Depuis 1675, les documents officiels portent tantôt *Rais* et tantôt *Retz*; nous nous bornons à reproduire l'une et l'autre orthographe, telle que nous la trouverons dans les documents, sans rien y changer.

[2] Archives des Affaires étrangères, lettre à M. de Pomponne.

[3] M. de Chantelauze suppose, par erreur, que la lettre du sacré collége ne fut écrite que le 9 octobre 1675.

avait pour maxime que l'on ne peut rien contre la réputation d'un homme qui sait la conserver dans son corps [1], et il y conformait sa conduite.

Ainsi, tous les témoignages, à la réserve de quelques épigrammes de la Rochefoucauld et de Bussy-Rabutin, attestent que la conversion du cardinal de Retz fut véritable et sincère. Les contemporains les moins crédules ne firent aucune difficulté d'y croire et s'en édifièrent. La postérité, qui sait toujours si imparfaitement les choses, n'a pas le droit de se montrer plus difficile qu'eux. D'ailleurs, la conduite de l'ancien frondeur dans le dernier conclave auquel il assista, c'est-à-dire, dans celui de 1676, nous fournira une nouvelle preuve de la sincérité de sa conversion. Nous verrons qu'un grand changement s'était opéré en lui, et qu'il ne cherchait plus seulement à bien servir le roi, mais encore à bien servir l'Eglise, et surtout à ne pas engager sa conscience.

---

[1] « Toutes les puissances ne peuvent rien contre la réputation d'un homme qui la possède dans son corps. » *Mémoires,* t. I, p. 115.

CHAPITRE IV

En renvoyant son chapeau au pape, Retz n'avait pas
seulement voulu se retirer du monde et cacher le reste
de sa vie dans la solitude; il avait voulu aussi, comme il
s'en était expliqué ouvertement à Louis XIV lui-même,
s'exempter de reparaître dans les conclaves ; et puisque,
selon l'expression d'Arnauld [1], il avait renoncé au cardinalat autant qu'il était en lui, il espérait que Sa Majesté
respecterait sa retraite et ne l'obligerait plus à la quitter
pour aller servir sa politique à Rome. Mais le dévouement
du cardinal, son habileté consommée et le prestige
qu'exerçait son nom au sein du sacré collége étaient trop
précieux pour laisser passer l'occasion de les mettre à profit. Clément X n'était pas encore mort, que déjà le cardinal
d'Estrées écrivait à M. de Pomponne qu'il était nécessaire
de tirer Retz de sa retraite, et que sa présence au prochain conclave était indispensable pour le service du
Roi. « Quoiqu'il ait de la peine, ajoutait d'Estrées, à

1 Cité par M. Gazier, p. 202, dans les *Dernières Années du cardinal
de Retz.*

quitter sa solitude, on doit l'en arracher, pour ainsi dire,
dans cette occasion. Il ne résistera pas, sans doute, au
commandement de Sa Majesté, et la vie qu'il mène lui
doit faire encore mieux comprendre combien il est obligé
de lui obéir. Un homme de son expérience, de son esprit
et de sa réputation, sera d'un grand poids dans le sacré
collége. Le mérite de sa retraite lui donnera encore plus
de lustre et d'autorité. En servant le roi, il pourra servir
l'Église. Au moins il fera voir un exemple dans notre
corps, dont j'avoue que nous avons très-grand besoin.
Il est bien avec tout le monde. Je crois que mes confrères
ne suivront pas moins volontiers que moi un si bon con-
ducteur, que sa supériorité, son détachement et sa vertu
mettent au-dessus des faiblesses et des émulations dont,
grâce à Dieu, je ne me sens guère capable [1]. »

A Versailles, on pensait comme le cardinal d'Estrées,
et aussitôt que la mort de Clément X y fut connue,
M. de Pomponne s'empressa d'écrire à Retz, au nom de
Louis XIV, de se rendre au conclave. « Le roi, disait-il,
a appris ce matin par un courrier de M. le duc d'Estrées
que le pape était mort le 22 de ce mois. C'est assez dire
à Votre Éminence que votre présence est aujourd'hui
très-nécessaire à Rome, pour le service de Sa Majesté.
Aussi m'a-t-elle recommandé de vous faire savoir incessamment qu'elle désire que vous vous mettiez au plus
tôt en chemin pour vous y rendre. Ce n'est pas qu'elle
n'ait vu avec quelque peine celle que Votre Éminence
souffrirait dans cette saison, durant un si long voyage, et
qu'elle ne se soit souvenue du très-humble désir que

[1] Archives des Affaires étrangères, lettre du cardinal d'Estrées à
M. de Pomponne, 25 juillet 1676.

vous lui aviez fait paraître de vouloir éviter les conclaves,
lorsque vous lui donnâtes part du desein de votre retraite. Mais, quelque grandes que puissent être les raisons qui feraient appréhender à Votre Éminence une si
grande course, Sa Majesté est bien persuadée qu'elles
céderont à votre zèle pour son service, et au plaisir avec
lequel vous vous portez à toutes les choses qu'elle affec-
tionne. Elle a ressenti de telle sorte dans le conclave
passé les effets de vos conseils et de votre conduite,
qu'elle croit qu'il lui est d'une extrême conséquence
d'en retirer le même avantage dans celui-ci. Il suffit,
Monseigneur, pour vous obliger à y donner les mêmes
soins, que Votre Éminence soit assurée qu'elle rendra un
nouveau service à l'Église et au saint-siége [1]. » En terminant, M. de Pomponne recommandait de nouveau à
Retz de partir aussitôt sa lettre reçue.

Résister à de telles instances, c'était déplaire au roi, et
probablement s'attirer les railleries des beaux esprits qui
feignaient de ne pas croire très-sérieusement à la conversion du cardinal ; ils n'auraient pas manqué de le plaisanter
sur le devoir de l'obéissance qui est le fondement de la religion et de la vraie pénitence. Aussi, bien que les exercices de piété qu'il avait entrepris, et les infirmités qui
l'obligeaient à des soins particuliers, lui donnassent une
grande répugnance pour ce voyage de Rome, Retz
n'hésita pas à obéir aux ordres du roi. « J'ai reçu, Monsieur, écrivait-il à M. de Pomponne, la lettre que vous
m'avez fait l'honneur de m'écrire, à sept heures, et je
pars demain à la pointe du jour. Vous ne pouvez douter

[1] Archives des Affaires étrangères, lettre de M. de Pomponne au
cardinal de Retz, 30 juillet 1676.

de la répugnance que j'ai à ce voyage, mais j'ai encore
plus de soumission aux volontés de Sa Majesté. Je ferai
toute la diligence qui sera en mon pouvoir, et je n'ou-
blierai rien pour me rendre à Rome aussitôt que MM. les
cardinaux de Bouillon et de Bonzi. Soyez persuadé, je
vous supplie, Monsieur, que personne du monde n'estime
et ne chérit plus véritablement et plus sincèrement que
moi l'honneur de votre amitié [1]. »

Un pareil voyage au dix-septième siècle était long et
pénible, et par les plus grandes chaleurs de l'été, il était
encore plus pénible. La voie de mer eût été préférable.
C'eût été une occasion pour le cardinal de voir en passant
madame de Grignan, fille de madame de Sévigné [2]. Mais
aucune des galères du roi n'était disponible; toutes celles
de la Méditerranée étaient occupées devant Messine [3]. Il
fallut donc prendre la voie de terre par Lyon, Turin,
Florence [4]. Le voyage dura trois semaines, et en arrivant

[1] Archives des Affaires étrangères, lettre du cardinal de Retz à M. de
Pomponne, Commercy, le 1er août 1676.

[2] Lettre de madame de Sévigné à sa fille, 5 août 1676 : « M. le cardinal de Retz vient de m'écrire et me dit adieu pour Rome. Il partit dimanche,
2 août; il fait le chemin que nous fîmes une fois..... il arrivera droit à
Lyon, d'où ils prendront tous le chemin de Turin, parce que le roi ne
veut pas leur donner de galères. Ainsi vous n'aurez pas le plaisir de
voir cette chère Éminence, comme je le croyais. »

[3] Archives des Affaires étrangères, lettre de M. de Pomponne au cardinal de Retz, 30 juillet 1676 : « Sa Majesté se promet qu'elle (Son
Éminence) se mettra le plus tôt qu'il lui sera possible en chemin, après
qu'elle aura reçu cette lettre. Elle prendra, s'il lui plaît, celui de Turin,
où elle trouvera les passe-ports pour elle et pour MM. les cardinaux de
Bouillon et de Bonzi que Sa Majesté ordonne à M. le marquis de Villard de
procurer incessamment auprès de M. le prince de Lignes. »

[4] Archives des Affaires étrangères, lettre du cardinal de Retz à M. de
Pomponne, Florence, 24 août 1676 : « Nous sommes, Monsieur, d'hier
au soir ici, et nous en partons à ce moment pour nous rendre à Rome

à Rome, Retz et les cardinaux de Bouillon et de Bonzi descendirent au palais Farnèse, chez l'ambassadeur français. Après s'y être reposé quelques jours de leurs fatigues, ils entrèrent au conclave. Pour s'y rendre, ils traversèrent les rues de la ville en compagnie de notre ambassadeur et dans sa voiture. Sur leur passage, une foule considérable s'était assemblée et poussait des acclamations; on eût dit que c'était le jour même de l'exaltation du pape [1].

Au conclave, les cardinaux français ne reçurent pas un accueil moins empressé. Presque tout le sacré collége les attendait à l'entrée, pour les complimenter. Les cardinaux espagnols s'y trouvèrent avec les autres; et au premier scrutin, Retz obtint huit voix.

On a conclu de là que le cardinal, s'il avait voulu, aurait pu se faire élire pape. Mais on n'a pas pris garde que ces huit voix n'étaient pas autre chose qu'un souhait de bienvenue, en usage à l'égard des cardinaux de marque

lundi ou mardi au plus tard. Nous n'avons séjourné en aucun lieu, et nous avons fait toute la diligence que les chaleurs actuelles de la saison nous ont permis. C'est la faute du roi si elle n'a pas été plus grande; car il est si respecté en Italie, comme partout ailleurs, qu'il est impossible à ceux qui ont le moins son caractère de se défendre des honnêtetés que tous les princes leur font à l'envi, pour témoigner à Sa Majesté le respect qu'ils ont pour elle. Il n'a pas été par cette raison en mon pouvoir d'éviter les cérémonies autant que nous l'avons voulu. Notre conclusion est que, si ce que l'on dit du conclave est vrai, nous n'aurons pas sujet de croire que nous devions encore avoir beaucoup de regret au temps que nous avons été obligé d'employer à notre voyage, et selon toutes les apparences, il y aura bien de la longueur. Je ne vous fais point, Monsieur, de compliment. Vous savez que personne du monde n'estime et ne chérit plus parfaitement que moi l'honneur de votre amitié. Le cardinal de Retz. »

[1] Archives des Affaires étrangères, lettre du duc d'Estrées au roi, 3 septembre 1676.

qui entraient au conclave après l'ouverture. « On donna, écrivait le duc d'Estrées, huit voix à M. le cardinal de Rais, au premier scrutin, où il se trouva, ce qui a été remarqué, comme fort honorable pour lui et pour la nation, les Espagnols n'en ayant jamais eu plus de deux[1]. » Ainsi, on ne songeait nullement à faire Retz pape. Les voix qu'on lui avait données n'étaient qu'un témoignage de bienveillance et d'estime. On était au commencement de septembre. Le conclave était réuni depuis un mois. Mais il n'était guère plus avancé que le premier jour.

A l'ouverture, le peuple de Rome avait éclaté avec transport en faveur du cardinal Rospigliosi, le neveu du pape Clément IX. Lorsque celui-ci traversait la place de Saint-Pierre, pour se rendre au conclave, plus de cinq cents personnes se portèrent autour de sa voiture, en criant : « *Viva papa Rospigliosi! viva Clément XI! etc.* » Les gardes de la place et du conclave tirèrent quelques coups de mousquet[2]; et les mêmes démonstrations se renouvelèrent un mois après, lorsque Retz et les cardinaux français firent leur entrée au conclave. La foule criait tour à tour sur leur passage : « *Viva Francia! viva papa Rospigliosi!* » M. le duc d'Estrées, raconte même, dans l'une de ses dépêches, qu'une femme s'avança jusqu'à la portière de sa voiture et lui dit, en mettant presque sa main dans la sienne : « *Fate, papa Rospigliosi*[3]. » Mais le sacré collége ne tint aucun

---

[1] Archives des Affaires étrangères, lettre du duc d'Estrées au roi, 3 septembre 1676.

[2] *Ibid.*, lettre du même au même, 4 août 1676.

[3] *Ibid.*, lettre du même au même, 3 septembre 1676.

compte des acclamations de la foule. Il ne fut pas question de Rospigliosi pour le pontificat. Sa candidature se trouva éclipsée par celle du cardinal Odescalchi, devant laquelle toutes les autres s'effacèrent dès le commencement.

Odescalchi était, de tout le sacré collége, le cardinal qui avait le plus de titres au pontificat. Il était pieux, riche, désintéressé ; et bien qu'il fût né sujet espagnol, il avait donné assez de preuves d'indépendance, pendant son épiscopat, pour que l'on fût assuré que pendant son pontificat, il ne subirait pas le joug du gouvernement de Madrid. Il y a dans les archives des Affaires étrangères un *Mémoire,* rédigé peut-être par le cardinal d'Estrées, qui nous fait parfaitement cennaître le caractère d'Odescalchi. « Il a cinquante-neuf ans, est-il dit dans le *Mémoire;* il est d'un médiocre savoir, d'une capacité ordinaire, mais il défère beaucoup aux gens habiles et éclairés ; il est fort assidu aux congrégations ; l'estime de sa vertu et de sa probité est grande dans le sacré collége. Sa retraite aide encore à le soutenir..... Il a toujours gardé une entière indifférence à l'égard des Espagnols. Il quitta l'évêché de Novare, parce que les ministres d'Espagne le maltraitaient, et l'ayant remis entre les mains de son frère, celui-ci n'en reçut pas de meilleurs traitements. On croit que les Espagnols ne voudraient pas exalter un de leurs sujets, dont le zèle serait capable de lui faire entreprendre tout ce qu'il croirait de juste et d'important pour le bien de l'Église, sans que les réflexions de ses proches le pussent retenir. Toutefois, dans le dernier conclave, ils s'y portèrent très-volontiers, et cette expérience dément les raisonnements qu'on fait [1]. » M. l'abbé de Bourlemont écrivait de son côté à M. de Pomponne : « Tout le monde ici est persuadé de la piété, de la vertu et du mérite du cardinal Odescalchi. » Et plus loin il ajoutait : « C'est un homme d'une insigne piété. Il avait un frère qui est mort à Rome, lequel a laissé tous ses biens à un hôpital qu'il a fondé. Il en a un autre à Milan, lequel a près d'un million vaillant, et qui fait de grandes aumônes. Ainsi l'on présume qu'il ne viendrait pas à Rome pour piller l'Église [2]. »

En un mot, Odescalchi semblait être l'homme qu'il fallait pour faire renaître les temps et les vertus de saint Grégoire et de saint Léon, et pour abolir le népotisme. Mais, en réalité, ni les couronnes, ni la plupart des cardinaux ne désiraient son élection. Sa sévérité leur faisait peur, et l'on savait d'avance qu'il serait implacable pour tous les scandales, et qu'on ne lui arracherait jamais une concession contraire à sa conscience. Personne cependant n'osait lui faire ouvertement de l'opposition [3], tant il avait de prestige dans le sacré collége !

Louis XIV l'avait mis sur la liste des candidats qui lui étaient agréables, et voici comment il en parlait dans une *Instruction* adressée à l'évêque de Laon, c'est-à-dire au

---

[1] Archives des Affaires étrangères, Mémoire inséré dans la correspondance de Rome et intitulé : *Liste des cardinaux papables*, pour le conclave de 1676. Ce Mémoire contient le portrait de tous les cardinaux que l'on supposait prétendre à la tiare.

[2] *Ibid.*, lettre de M. l'abbbé de Bourlemont à M. de Pomponne, 4 août 1676.

[3] *Ibid.*, Mémoire inséré dans la correspondance de Rome : « L'opinion qu'on a de sa vertu (Odescalchi) obligera la plupart des cardinaux à ne pas faire des pratiques ouvertes contre lui. »

cardinal d'Estrées, touchant les cardinaux qui pouvaient aspirer à la papauté : « Ledit sieur évêque... pourra dire à Odescalchi qu'il ne doit pas se mettre en peine de ce qui se passa dans le dernier conclave, puisqu'il n'ignore pas que Sa Majesté souhaitait sincèrement son exalta- tion, et que son ambassadeur était chargé par ses instruc- tions de la procurer comme d'un sujet qu'elle sait être de très-grand mérite, piété et vertu, et qu'il n'y a qu'un défaut de formalité qui obligea ledit ambassadeur, pour l'honneur du roi, de n'en pas laisser continuer la pra- tique[1]. »

En effet, dans le conclave de 1670, Odescalchi avait été sur le point d'être pape. Son élection paraissait même si cetaine qu'un prédicateur de Rome l'avait déjà recom- mandé aux prières des fidèles, et que la foule l'acclamait dans les rues. Mais Retz le fit échouer au dernier moment, parce que sa candidature avait été proposée par l'Espagne. Le gouvernement de Versailles devait garder sa prépon- dérance sur celui de Madrid jusqu'au sein du conclave[2].

L'évêque de Laon s'empressa de faire connaître à Odescalchi les intentions de Louis XIV, et le bon cardi- nal en fut touché jusqu'aux larmes[3].

Odescalchi pouvait donc compter sur l'appui de la France, et il est à croire que le roi désirait sincèrement son élection. Mais il y avait autour de lui des ministres qui n'en voulaient pas. Colbert et Letellier proposaient

---

[1] Archives des Affaires étrangères, instruction adressée à M. l'évêque de Laon.

[2] *Ibid.*, lettre de M. le duc de Chaulnes à M. de Lionne, 12 mars 1670.

[3] *Ibid.*, lettre du cardinal d'Estrées à M. de Pomponne, 15 juillet 1676.

de lui substituer Grimaldi. Qu'il fût à peu près impossible de porter ce cardinal jusqu'à la tiare, ils ne l'ignoraient pas et même ils ne s'en cachaient point; mais ils espéraient par là ruiner l'élection d'Odescalchi. C'est ce que nous apprend un *Mémoire* qui fut remis aux cardinaux français le jour où Retz, de Bouillon et de Bonzi entrèrent au conclave. Voici comment s'exprimait l'auteur anonyme de ce *Mémoire*, probablement un agent de Colbert :

« ... Je croirais, disait-il, que pour faire une tentative dont le succès, quoique peu vraisemblable, serait le plus honorable de tous, ou pour faire du moins une diversion utile et spécieuse, on pourrait faire proposer, à l'entrée de nos cardinaux au conclave, M. le cardinal Grimaldi, pour éviter la seconde proposition d'Odescalchi [1], dont on parle fort. Il a les mêmes dehors de piété, de charité et d'une vie exemplaire, avec deux différences très-considérables à son avantage : l'une, qu'il a passé par toutes sortes d'emplois, et dans l'état ecclésiastique et dans les pays étrangers, et que sa capacité est assurément grande et reconnue; l'autre, qu'il n'est né sujet d'aucune couronne, qu'il n'a aucun proche parent qui le soit, qu'il n'a plus même de neveu, et qu'il n'a aucun bien dans les États d'aucun prince que le seul archevêché d'Aix [2], qu'il perdrait par son élévation au pontificat.

« Le cardinal Odescalchi, au contraire, n'a vu que Côme [3] et Rome. Sa capacité n'est pas comparable à celle

---

[1] La première proposition d'Odescalchi, pour employer le langage du Mémoire, avait été faite à l'ouverture du conclave.

[2] Grimaldi était archevêque d'Aix, en Provence.

[3] C'était la ville natale d'Odescalchi.

de l'autre, bien qu'ils soient d'un zèle égal pour la gloire du saint-siége et l'avantage de la religion.

« D'ailleurs, il a plus de quarante ou cinquante mille écus de rente dans les terres d'Espagne; il en est né sujet; il y a des parents et des neveux, et peut-être qu'ils ne gouverneraient pas à l'abord, mais qui peut répondre des suites [1]? »

Continuant le parallèle entre les deux cardinaux, le *Mémoire* ajoutait : « L'âge de Grimaldi est plus avancé et plus propre à faire un *onesto deposito*. S'il ne réussissait pas entièrement, ou par trop de rigueur ou par trop d'obstination, le mal serait de peu de durée, au lieu que si la capacité médiocre d'Odescalchi était préjudiciable à l'Église, elle le serait apparemment pour sept ou huit ans. » Enfin, concluait le *Mémoire,* « il est certain qu'on ne peut parler de ce cardinal (Grimaldi) avec une espérance probable d'obtenir son exaltation, mais dans la certitude de faire au moins une diversion spécieuse à l'entrée de nos cardinaux [2] ». Pour aplanir les difficultés, l'auteur anonyme proposait de répandre sous main le bruit que l'archevêque d'Aix était dégoûté de la France, mécontent de Colbert et du gouvernement, et *una testa gagliarda* que l'on ne se souciait pas à Versailles de voir arriver au pontificat.

Tels étaient les deux candidats mis en avant, et il ne pouvait guère y en avoir d'autre. Le premier avait l'appui de presque tous les chefs de faction, et il se recommandait par sa piété et sa sainteté à un point que per-

---

[1] Archives des Affaires étrangères, Mémoire envoyé au conclave, le 1er septembre 1876.

[2] *Ibid.*

sonne, comme nous l'avons déjà dit, n'osait lui faire de l'opposition ouvertement. L'autre, au contraire, n'était soutenu que par la France, et par ce motif il courait risque de réunir contre lui la coalition de toutes les autres factions. Notre ambassadeur à Rome, les cardinaux de Bouillon, de Bonzi et d'Estrées étaient, comme nous le verrons plus loin, des partisans déclarés du candidat de la France ; était-ce pour faire leur cour aux ministres, ou pensaient-ils par là être plus agréables à Louis XIV ? Probablement l'un et l'autre. Mais le succès de cette élection était impossible [1], à moins que Retz n'y employât son habileté et son crédit, qui à Rome étaient presque sans limite. Or le cardinal n'y paraissait guère disposé ; il était tout entier pour Odescalchi, et soutenait son élection par un motif de conscience. Si dans les conclaves de 1667 et de 1670 il avait plus songé à montrer son habileté et à servir la politique de Louis XIV que les intérêts de l'Église, il voulait dans celui-ci faire une sorte d'amende honorable et réparer les torts qu'il pouvait avoir eus dans le passé, en élevant à la tiare un homme qui offrît au monde l'exemple et le modèle de toutes les vertus. Aussi nous verrons l'ancien chef de la Fronde déployer en faveur d'Odescalchi les ressources d'un esprit que ni l'âge ni les infirmités n'avaient fait fléchir.

Lorsqu'il arriva au conclave avec les cardinaux de

---

[1] Archives des Affaires étrangères. C'est là l'opinion exprimée par M. l'abbé de Bourlemont, dans une lettre adressée à M. de Pomponne, en date du 18 septembre 1676 : « Si la réputation d'Odescalchi que l'on publie d'une piété et d'une vertu extraordinaires, et que l'on dit être le seul qui puisse abolir le népotisme, n'emporte de plein abord le commun des vœux et qu'il ne réussisse pas, il y aura assez à dire et à négocier pour convenir d'un autre sujet. »

Bouillon et de Bonzi, la faction française était dans une excellente situation. Le cardinal d'Estrées, qui la dirigeait, s'était ménagé l'alliance de Rospigliosi, de Chigi et de Barberini, qui d'ailleurs, en 1667 et 1670, nous avaient prêté, grâce à Retz, leur concours le plus dévoué. Ces quatre factions étaient en nombre suffisant pour exclure tout candidat qui pouvait n'être pas agréable à la France ; elles en avaient donné, quelques jours auparavant, une preuve éclatante que nous allons rapporter.

Le cardinal Altieri, neveu du pape défunt, était tombé en disgrâce auprès de Louis XIV, parce que, sous le pontificat de son oncle, il avait, de parti pris, écarté de toutes les promotions l'évêque de Marseille, qui était proposé pour le cardinalat à la nomination du roi de Pologne [1]. Craignant le ressentiment de Sa Majesté Très-Chrétienne, si le nouveau pape venait à être pris parmi ses créatures ou seulement nommé par son influence directe, il voulut lui-même enlever l'élection par un coup de surprise, sans la participation de la France, et il s'y prit assez habilement. Le jour de l'Assomption, il y avait eu au conclave un éloquent sermon d'un père capucin, sur la nécessité de faire promptement un bon pape. Altieri essaya de mettre à profit, pour son compte, l'impression produite sur la plupart des esprits par ce sermon, et proposa immédiatement après l'élection d'Odescalchi. Il avertit le cardinal Nitard, qui lui promit le concours de l'Espagne ; il envoya également vers les cardinaux Rospigliosi et Chigi. Mais ceux-ci lui répondirent que l'élection ne pouvait pas se faire en dehors de la France,

---

[1] Le roi de Pologne avait fait cession à Louis XIV, en faveur de l'évêque de Marseille, de son droit à la nomination d'un cardinal national.

et qu'avant de se prononcer ils voulaient connaître ses sentiments [1]. Le projet échoua pitoyablement et faillit faire exclure Odescalchi du pontificat [2].

Mais si la faction française avait assez d'influence pour empêcher toute élection qui lui déplaisait, elle n'était pas assez puissante pour faire elle-même le pape [3]. Il fallait donc, de toute nécessité, chercher de nouvelles alliances et recourir à la voie des négociations. On ne pouvait songer à un rapprochement ni avec Médicis, ni avec l'Espagne. C'étaient les deux factions qui nous faisaient la plus forte opposition et nous disputaient la prépondérance au conclave. Il ne restait donc que celle d'Altieri, qui, à la vérité, était la plus nombreuse et la plus influente; elle comptait environ dix-sept voix. Mais il n'était pas aisé de traiter avec son chef. Il avait encore aggravé sa disgrâce en tentant de faire élire un pape sans le concours de la France. Cependant, de part et d'autre, on désirait un rapprochement, et Altieri lui-même disait à ses amis « que, quoiqu'il fît bonne mine, il était *travagliato assai* de l'affaire de France, qui pourrait causer la ruine de sa maison; qu'il ne savait comment faire pour son accom-

---

[1] Archives des Affaires étrangères. Relation du cardinal d'Estrées touchant l'élection du cardinal Odescalchi. Cette relation, que Louis XIV, dans une lettre dont nous donnons plus loin des extraits, appelle Mémoire, ne porte pas de date. Elle doit être du 18 au 20 août 1676.

[2] *Ibid.* « Le cardinal Altieri, croyant que la France et Rospigliosi, et Chigi, voulaient Odescalchi, résolut de le porter sans la participation de la France. Une conduite si bizarre et si peu mesurée m'aurait porté à une exclusion formelle à l'égard de tout autre sujet d'une moindre réputation et d'un moindre entêtement dans le public. » (Relat. du cardinal d'Estrées, etc.)

[3] Il y avait 62 cardinaux au conclave. Le nombre de voix nécessaire pour l'exclusion d'un candidat était de 21, et pour l'élection de 42.

modement [1] ». A son entrée au conclave, Retz fut chargé
par notre ambassadeur d'entamer des négociations avec
lui. Nous en avons le résumé dans deux billets que le
cardinal écrivit lui-même à l'ambassadeur, avec qui le
sacré collége lui avait permis de correspondre pendant
la durée du conclave [2]. Le premier de ces billets est daté
du 3 septembre : « Le cardinal Nerli, disait Retz, me fit
avant-hier un compliment général de la part du cardinal
Altieri, en ajoutant qu'on m'en ferait bientôt un autre
plus particulier. M. le cardinal Colonna le fit hier, et me
dit que le cardinal Altieri l'avait prié de m'assurer qu'il
n'avait manqué en rien dans les conjonctures passées de
tout ce qu'il devait au roi. Et comme il voulut entrer plus
avant dans le détail, je lui répondis qu'il ne s'agissait plus
de cela ; qu'ayant toujours honoré M. le cardinal Altieri,
comme j'avais fait dans le temps passé, je ne croyais pas
le lui pouvoir mieux témoigner qu'en lui conseillant de

[1] Archives des Affaires étrangères, lettre de M. le duc d'Estrées au
roi, 3 septembre 1676.

[2] *Ibid.*, lettre du cardinal de Retz à M. de Pomponne, 2 septembre
1676 : « Que cette date, Monsieur, ne blesse pas, s'il vous plaît, la
délicatesse de votre conscience. J'en fis hier la confidence au sacré
collége, qui n'a pas désapprouvé l'exception permise et publique que
nous avons cru, M. le cardinal de Bouillon et moi, devoir mettre
dans notre serment pour nous lever tout le scrupule que nous eussions pu avoir du commerce que nous avons avec M. l'ambassadeur. Comme il rend compte au roi du détail de tout ce qui se
passe ici, je crois, Monsieur, qu'il serait fort inutile que je vous en
entretinsse. Je ne puis, toutefois, m'empêcher de vous dire que ses soins
et ceux de M. le cardinal d'Estrées ont mis les affaires du roi à un
point de considération et de gloire que je ne puis vous exprimer, et
qu'il nous reste sans exagération et sans compliment peu de chose à y
faire. Conservez-moi, je vous supplie, l'honneur de votre amitié. Vous
savez que rien ne peut m'être plus cher et plus sensible.

« Le cardinal de Rais. »

ne point songer à se justifier, mais seulement à réparer le passé par des effets réels, présents et solides. Le cardinal Colonna repartit que c'était le dessein du cardinal Altieri, et qu'il ne me l'avait envoyé que pour me dire qu'il ne souhaitait rien avec plus de passion que de servir le roi, sans aucun intérêt. Je fis ce que je pus pour l'obliger à entrer plus avant dans le détail, et comme je vis qu'il persistait à n'y point entrer, je lui dis que ce qu'il me disait de la part du cardinal Altieri était fort honnête, mais qu'il était si général que j'appréhendais, et même que je ne doutais pas que vous et MM. les cardinaux n'y feriez que très-peu de fondement. Le cardinal Colonna répondit qu'il avouait que ce qu'il disait était général, mais que je savais bien que la nature du conclave ne portait pas de parler autrement « *et che* « *col tempo e le cagioni le cose si potrebbero ridurre in* « *forma piu particulare* ». Nous en demeurâmes là, ainsi qu'il avait été concerté entre MM. les cardinaux de Bouillon, d'Estrées, de Bonzi et moi [1]. »

Ce premier entretien ne concluait rien. Il en fallait un second [2]. Il eut lieu quelques jours après. Le cardinal Colonna le commença par où il avait fini le premier. « Il reprit, écrit Retz, son premier discours de la nature des conclaves, et il en parla bien honnêtement et même bien

---

[1] Archives des Affaires étrangères, copie du billet de M. le cardinal de Rais, du jeudi 3 septembre, à M. le duc d'Estrées.

[2] *Ibid.*, réponse de l'ambassadeur au billet envoyé, il y a huit jours, par M. le cardinal de Rais : « J'ai vu ce qui s'est passé entre Votre Éminence et M. le cardinal Colonna. L'on ne pouvait mieux répondre qu'elle a fait, ni plus conformément aux intentions de Sa Majesté. Il y a apparence que le cardinal Altieri n'en demeurera pas là, au moins s'il est bien conseillé. »

ecclésiastiquement. Comme il vit que je répondais sur le même ton sans m'expliquer davantage, il ajouta : « *Che* « *il modo di ridurre le cose generali in forma particulare* « *potrebbe esser cosi se verbi gratia.* » Je voulais bien lui dire les sujets qui étaient agréables au roi, et que lui, de son côté, me dît ce que M. le cardinal Altieri croyait pouvoir faire pour les sujets qui lui seraient agréables. Comme M. le cardinal Colonna ajouta que si M. le cardinal Altieri nommait le premier, il croirait manquer au respect qu'il doit au roi, ce discours fut suivi et mêlé de toutes les assurances d'une parfaite sincérité. J'y répondis par les mêmes assurances, et en disant à M. le cardinal Colonna que, pour lui en donner dès à présent des marques effectives, je ne ferais pas, en cette occasion, ce qu'on fait d'ordinaire dans les conclaves ; qu'il ne pouvait douter que je n'eusse beaucoup de choses à répondre à son ouverture ; que je m'en abstiendrais toutefois, et que je me contenterais de lui dire que je vous en donnerais part très-exactement et très-ponctuellement.

« Je dis hier cette réponse à MM. les cardinaux de Bouillon, d'Estrées et de Bonzi, qui l'ont approuvée, vu les instructions et les circonstances qui nous doivent faire plus appréhender que désirer de déclaration plus précise de la part de M. le cardinal Altieri que je n'ai eu garde de presser, parce que nous ne serions pas en état d'en pouvoir accepter jusques à ce que nous soyons éclaircis des intentions du roi par la réponse que Votre Excellence attend [1]. »

Il n'était venu de Versailles, depuis l'ouverture du

[1] Archives des Affaires étrangères, billet de M. le cardinal de Rais à M. l'ambassadeur, du 6 septembre 1676.

conclave, que les instructions très-générales que nous avons mentionnées, et dans lesquelles Sa Majesté Très-Chrétienne se bornait à dire que le cardinal Odescalchi et quelques autres, tels qu'Albizzi, Bonnisi, Cibo [1], etc., lui étaient agréables, et que l'on pouvait favoriser leur élection. Après un mois de scrutin et plus, il importait de savoir si les sentiments du roi étaient toujours les mêmes, et si la faction française devait prêter son concours défi-nitif à Odescalchi, dont l'élection rencontrait tous les jours de nouvelles adhésions. Le duc d'Estrées avait écrit pour avoir des instructions décisives, et elles étaient attendues avec impatience par Retz et ses amis : « Nous sommes ici sans action et sur la défensive, écrivaient-ils en commun à M. de Pomponne, en attendant les réponses et les ordres de Sa Majesté, sur ce que M. l'ambassadeur a écrit. Nous aurons bien de la joie quand elles arrive-ront, puisqu'il n'y a point d'état plus violent dans un conclave et qui soit plus à craindre que celui de ne pou-voir pas agir et de ne pouvoir se déterminer à rien. Nous croyons, Monsieur, qu'il est inutile de vous assurer du pouvoir que nous avons sur toute la faction française, qui se trouve aussi unie que l'espagnole est divisée, prin-cipalement depuis la venue du chevalier Melgar, qui se

---

[1] Archives des Affaires étrangères. Voici le portrait du cardinal Cibo, tel qu'il est tracé dans le Mémoire dont nous avons parlé plus haut : « Cibo, créature d'Innocent X. Ce cardinal est âgé de soixante et un ans, d'une complexion assez délicate qu'il ménage fort. Il est d'une grande maison, sage, savant et appliqué. Il s'est acquitté avec beaucoup d'es-time des légations d'Urbin, de Romagne et de Ferrare. Il vit dans une grande retraite. Le cardinal Barberini ne le porta à aucun emploi pen-dant le pontificat de son oncle. Mais Clément X, dès le commencement, le fit majordome, et peu de temps après cardinal, etc... »

prétend ambassadeur, quoique le cardinal Nitard ne le veuille pas reconnaître en cette qualité [1]. »

Dans son billet à l'ambassadeur, en date du 6 septembre, Retz tenait un langage semblable : « Comme notre résolution est de ne point agir... que vous n'ayez eu la réponse du roi, nous demeurons dans le silence et dans l'inaction. Comme elle est toujours périlleuse dans les conclaves, nous souhaitons que ces réponses ne tardent pas à venir [2]. » La réponse du roi tant désirée arriva le 12 septembre. Le 13, elle fut portée au sacré collège avec une lettre de M. de Pomponne. Les cardinaux français la lurent et la discutèrent ensemble ; ils en examinèrent attentivement le fond, et les avis sur sa véritable signification furent partagés. A nous qui sommes placé à deux siècles de distance, et libre des préoccupations du moment, la dépêche royale nous paraît plus claire que le jour. Il semble qu'il ne soit pas possible d'y trouver d'équivoque. Sa Majesté disait en substance que, si les dispositions du conclave étaient les mêmes qu'au moment où avait été rédigé le *Mémoire* ou *Relation* qui lui avait été adressé, il fallait appuyer l'élection d'Odescalchi. Si, au contraire, ces dispositions étaient changées, elle n'avait pas de nouvelles instructions à donner, il suffisait de s'en référer à celles qu'elle avait envoyées à l'ouverture du conclave. Néanmoins, le cardinal de Bouillon et le cardinal d'Estrées crurent que la lettre du roi ordonnait de combattre la candida-

---

[1] Archives des Affaires étrangères, lettre à M. de Pomponne, signée par les cardinaux français de Rais, de Bouillon, d'Estrées, de Bonzi, 8 septembre 1676.

[2] *Ibid.*, billet du cardinal de Retz au duc d'Estrées, 6 septembre 1876.

ture d'Odescalchi et de soutenir celle de Grimaldi, dont il n'était pas même fait mention. Comme Leurs Éminences adressèrent chacune de leur côté à notre ambassadeur leur avis par écrit, nous ferons connaître ces différents avis, après que nous aurons rapporté les principaux passages de la dépêche envoyée de Versailles. Voici comment s'exprimait Louis XIV touchant l'élection du cardinal Odescalchi : « J'ai fort pesé tout ce qui a été écrit sur ce sujet par le cardinal d'Estrées et la manière dont Odescalchi semble être élevé au pontificat par les vœux unanimes de tout le sacré collége. J'ai considéré ce que je pouvais appréhender du ressentiment d'un homme à qui l'exclusion de la France dans le dernier conclave a coûté sept ans de pontificat. J'ai regardé en même temps qu'il s'est vu sur le point d'y être porté aujourd'hui par un concours presque général, et par la déclaration que le cardinal Altieri avait faite au cardinal Nitard en sa faveur, sans que l'on eût pris aucune mesure avec le cardinal d'Estrées et avec nous et sans aucun concert avec les chefs de faction qui me sont unis. Une conduite si opposée à la juste considération que l'on doit avoir pour moi m'aurait fait approuver l'exclusion qui aurait été donnée une seconde fois en mon nom à ce cardinal, quelque estime que j'aie, d'ailleurs, pour son mérite... Mais l'état auquel cette affaire a été remise depuis me fait prendre d'autres sentiments. La fermeté avec laquelle le cardinal d'Estrées avait fait connaître que vous empêcheriez une élection qui ne me serait pas agréable, la constance que les cardinaux Barberini, Chigi et Rospigliosi avaient apportée pour soutenir la justice de ces raisons, l'effet qu'elles avaient produit dans le sacré col-

lége, les termes où l'affaire se trouvait réduite de dépendre prochainement ou de l'approbation ou de l'exclusion que j'y voudrais donner, mais surtout la confiance
que j'ai en l'affection du cardinal Cibo et l'autorité qu'il
aurait dans ce nouveau pontificat, me font pencher à une
élection, pour laquelle le Saint-Esprit semble se déclarer
par les vœux de la plus grande partie du conclave. Dieu
m'est témoin que dans une occasion si grande et si
sainte, j'ai principalement en vue le bien de l'Église et
l'avantage de la religion. Ni l'un ni l'autre n'aurait pu
s'y rencontrer, tant qu'il aurait paru que la première
couronne de la chrétienté n'avait point de part à l'élévation de celui qui doit remplir la chaire de Saint-Pierre.
Mais lorsque par vos soins, et par la justice autant que
par l'affection des chefs des principales factions, tout demeure en suspens jusqu'à ce que ma volonté soit connue, je croirai ma dignité pleinement satisfaite, lorsqu'il
paraîtra que le sacré collége a attendu ma décision, et
qu'il ne s'est déterminé sur le choix d'un sujet si généralement désiré que lorsqu'il a vu que j'y donnais mon
consentement.....

« Ainsi, en cas qu'à l'arrivée de ce courrier que je vous
envoie, les dispositions soient les mêmes dans le conclave,
je trouve bon que vous fassiez connaître aux cardinaux
de ma faction que la conduite, la vertu, la piété et tant
d'autres qualités dignes d'un successeur de saint Pierre,
me déterminent en faveur du cardinal Odescalchi, que
je suis satisfait de la déférence que la meilleure partie
du sacré collége a fait paraître pour mes sentiments en
les voulant attendre, avant que de se déclarer en sa faveur, et que comme la forme seule m'avait blessé dans

le dernier conclave, pour un sujet pour qui j'avais d'ailleurs tant d'estime, j'y donne volontiers les mains aujourd'hui qu'elle est réparée!... Si, lorsque cette dépêche arrivera à Rome, les dispositions étaient changées, qu'une nouvelle brigue eût porté ailleurs les apparences voisines de l'élection, et fait tomber les espérances du cardinal Odescalchi, en ce cas vous suivrez la même conduite que je vous ai prescrite sur tous les sujets *papables* par ma dépêche du mois passé [1]. »

Venons maintenant aux avis des cardinaux français sur le sens de la lettre du roi. Nou commencrons par celui du cardinal de Bouillon. Cet avis est de beaucoup le plus court; il est exprimé en quelques mots. Le voici : « S'accommoder avec le cardinal Altieri, et l'obliger de concourir à Grimaldi ou à tel autre qu'il plairait à Sa Majesté, et dire ensuite aux Espagnols que la France n'excluait pas Odescalchi, mais qu'elle prétendait de proposer Grimaldi en même temps que lui, pour laisser au sacré collége le choix de l'un et de l'autre; aller sur ce fondement au scrutin, et convenir que tout le monde irait à l'accès [2], en faveur de celui qui aurait le plus de voix au scrutin [3]. »

Écoutons maintenant Retz s'exprimer sur le même sujet. « La dépêche du roi, dit-il, est, à proprement parler, une permission qu'il nous donne de concourir à Odescal-

---

[1] Archives des Affaires étrangères, lettre du roi à M. le duc d'Estrées, 4 septembre 1676.

[2] L'accès est un second vote par lequel les cardinaux qui n'ont pas donné leurs voix à celui qui en a réuni davantage au scrutin les reportent sur lui.

[3] Archives des Affaires étrangères. La substance de l'avis de M. le cardinal de Bouillon, du 14 septembre 1676.

chi, en cas que les choses soient dans les dispositions où elles étaient lorsque Votre Excellence a dépêché, c'est-à-dire un ordre de concourir à Odescalchi, en cas que nous ne puissions mieux faire.

« Ces deux suppositions se réduisent à une, parce que ni les choses ne peuvent être changées que par les efforts que Colonna a faits au nom d'Altieri, et parce que nous ne pouvons espérer de faire mieux que par la jonction d'Altieri avec nous. Ce qui était donc à examiner est ce que nous pouvons faire par le moyen de cette jonction, et si elle peut nous mettre en un autre état que celui où nous sommes. Je suppose les offres pour sincères (les offres dont il a été parlé entre Retz et le cardinal Colonna). Je les crois telles par le grand et palpable intérêt qu'Altieri a à rentrer dans les bonnes grâces du roi... Mais il faut avouer en même temps que l'application telle qu'il nous la faut, dans la conjoncture présente, est très-difficile, et même presque impossible dans une négociation, où le cardinal Altieri ne peut, selon toutes les règles de la politique ordinaire, s'abandonner si absolument qu'il né garde au moins quelques égards avec l'Espagne, et où il n'est pas en son pouvoir, quelque bonne intention qu'il ait, de prendre entièrement son parti sans ses créatures. Mettons-nous en sa place et considérons ce que nous lui pouvons demander. Nous ne nous pouvons contenter que d'un concours de lui et de toutes ses créatures au sujet que nous pouvons désirer et qui peut réussir. Il faut que lui-même négocie du moins avec ses créatures, et afin qu'il négocie, il est nécessaire que nous nous ouvrions avec lui du sujet. La circonstance de l'état où se trouve le conclave touchant

Odescalchi nous permet-elle cette confiance? Je ne marque cet inconvénient que comme l'un des cinq ou six qui me viennent dans l'esprit et qui sont inévitables [1]. » Le cardinal ajoutait que dès l'ouverture du conclave, il avait vu par « la rapidité des premiers jours » et dit aux cardinaux de Bouillon et de Bonzi qu'ils seraient obligés de concourir à Odescalchi, et que la seule chose possible était de montrer à toute l'Europe que son élection ne pouvait avoir lieu que quand elle aurait été agréée à Versailles.

Ce qui s'était passé depuis ne l'avait pas fait changer d'opinion. Il voyait bien que la faction française pouvait rompre le cou à Odescalchi, mais il ne voyait pas ce qu'elle ferait après lui avoir rompu le cou. Car, selon lui, l'élection d'Odescalchi était le fondement de l'alliance avec Chigi et Rospigliosi; il ne croyait pas que l'on en pût être assuré pour un autre sujet, et il était à peu près certain qu'un rapprochement avec Altieri la compromettrait.

Examinant ensuite l'opinion du cardinal de Bouillon, il déclarait que c'était une ouverture fort belle et fort lumineuse, que *la pensée* en était « grande, honnête, ecclésiastique » ; qu'il en avait été infiniment touché. Mais elle lui semblait difficile à exécuter [2].

« Après les réflexions, il me paraît, disait-il, qu'elle a de grands inconvénients, parce que le succès dépend du secret d'Altieri dont nous ne pouvons être sûr par la considération de sa faction, quelque bonne intention qu'il pût avoir, et de la manière d'agir des Espagnols, dont

<hr>

1 Archives des Affaires étrangères, billet de M. le cardinal de Retz à l'ambassadeur, du 14 septembre 1676.

2 *Ibid.*

le manquement me paraît certain par l'impossibilité qui me paraît à leur faire agréer Grimaldi. Et ce qui m'embarrasse encore plus que tout cela est que si l'affaire manque, comme apparemment elle manquera, par l'un ou par l'autre de ces moyens, nous tomberons dans la nécessité d'exclure Odescalchi et dans la honte de l'avoir exclu.

« Il y a plus. D'abord que Grimaldi est entré dans le conclave, le bruit à couru que nous le faisions venir pour exclure par son moyen Odescalchi, de sorte que s'il arrivait que nous l'exclusions effectivement, parce que l'Espagne aurait exclu Grimaldi, ce que nous aurions fait sincèrement serait pris même par les indifférents pour un artifice, dont nous nous serions servis, pour ne nous pas attirer le blâme de l'exclusion d'un aussi homme de bien qu'Odescalchi. Nous l'aurions ainsi tout entier, et nous tomberions dans l'inconvénient que je vous ai touché ci-dessus, qui est de ne plus savoir où nous donnerions. La longueur du conclave si préjudiciable à l'Église nous serait imputée ; les *Zelanti* qui sont répandus dans les factions nous tomberaient sur les bras, et nous courrions risque d'en venir à la fin et après beaucoup de temps à quelque *sconciatura* qui serait honteuse à la France, et qui dans le fond ne lui serait d'aucun avantage [1]. »

Après avoir énuméré les inconvénients, Retz signalait les avantages qui pouvaient faire hasarder l'élection de Grimaldi. « Si elle réussissait, disait-il, il n'y aurait rien de si utile pour l'Église, la capacité de Grimaldi étant infi-

---

[1] Archives des Affaires étrangères, billet de M. le cardinal de Retz à M. l'ambassadeur, du 14 septembre 1676.

niment au-dessus de celle d'Odescalchi ; rien de si glorieux pour le roi, Grimaldi pouvant passer pour Français, et l'utilité et la gloire y seraient en un point que l'avantage que l'on en peut tirer peut faire hasarder judicieusement les inconvénients qui sont à craindre. Il est encore vrai que le roi en tirerait de plus un avantage particulier, en ce qu'il paraîtrait par l'événement qu'il aurait forcé le cardinal Altieri et toute sa faction à n'espérer de pardon de lui que par le concours à un sujet français. Je compte pour quelque chose le raccommodement du cardinal Altieri, qui se ferait par ce moyen devant la fin du conclave, et qui ferait disparaître en un moment, très-glorieusement pour Sa Majesté, ce fantôme d'une faction contraire à la France. Je dis ce fantôme, parce qu'une faction, quelle qu'elle soit, à Rome ne doit faire qu'une ombre très-légère au roi..... Toutes ces considérations jointes ensemble me feraient souhaiter avec passion de pouvoir voir assez clair dans les suites de la proposition de M. le cardinal de Bouillon pour entrer dans son avis. Mais j'avoue que je suis trop touché des inconvénients que j'ai marqués ci-dessus, pour n'en pas appréhender la conséquence et pour ne pas demeurer dans le mien, qui est de ne hasarder pour chose du monde de rompre le col à Odescalchi, à moins que d'être assuré de celui que nous voudrons et que nous pourrons avoir en sa place. Si nous n'en voyons point de cette nature, comme jusqu'ici il ne m'en paraît point, et que l'on prenne pour cette raison le parti de concourir à Odescalchi, il n'y a, à mon opinion, point de temps à perdre [1]. »

[1] Archives des Affaires étrangères, billet de M. le cardinal de Rais à M. l'ambassadeur, du 14 septembre 1676.

Notre ambassadeur ne savait trop à quoi se résoudre entre les avis contraires du cardinal de Bouillon et du cardinal de Retz. Il aurait bien voulu entrer dans les sentiments du premier, mais il voyait trop clairement que le second avait raison et interprétait la lettre de Versailles dans son véritable sens. Il prit le parti de payer d'humilité, et répondit à Leurs Éminences qu'il s'en rapportait à leur sagesse et ne croyait pas pouvoir mieux exécuter les ordres du roi qu'en se soumettant à ce qu'elles jugeraient de plus convenable et de plus avantageux pour sa gloire et pour son service. « J'ai seulement, ajoutait-il, à représenter deux choses.....

« La première est que, quelque parti que l'on prenne, il faut bien prendre garde de ne pas tomber dans la nécessité de donner l'exclusion à Odescalchi, ce qui serait tout à fait contraire aux ordres du roi.

« La seconde est, si l'on détermine (*sic*) à concourir à Odescalchi, d'y ménager tout ce qui sera possible pour la dignité du roi et pour mieux faire éclater le respect que l'on lui doit [1]. »

Faire l'élection d'Odescalchi et montrer qu'elle dépendait de la France, tel était à peu près le sentiment de l'ambassadeur qui revenait sensiblement à celui de Retz. Mais ce sentiment, le cardinal d'Estrées ne le partageait point avec eux ; il pensait plutôt comme le cardinal de Bouillon, et, dans un *Mémoire* adressé à son frère, il se prononçait nettement en faveur de Grimaldi et proposait d'exclure formellement, mais secrètement, Odescalchi [2].

[1] Archives des Affaires étrangères, réponse de M. l'ambassadeur à M. le cardinal de Bais, du 15 septembre 1676.

[2] *Ibid.*, avis de M. le cardinal d'Estrées à M. l'ambassadeur, du

«... En nous servant, disait-il, de la pensée de M. le cardinal de Bouillon sur le cardinal Grimaldi, sans la prendre dans toute son étendue, nous ferions paraître dans le public de l'estime et de l'attachement pour lui, et nous engagerions nos amis à le soutenir autant qu'ils le pourraient par leurs suffrages... Comme il est honorable aux autres de procurer l'élévation du cardinal Odescalchi, il ne nous le serait pas moins de favoriser un sujet aussi digne que le cardinal Grimaldi, presque égal à l'autre en de certaines qualités et de beaucoup supérieur en ce qui regarde la conduite générale de l'Église [1]. » Si l'expédient n'avait pas tout le succès qu'on pouvait espérer, « qu'en arriverait-il, si ce n'est que l'une et l'autre pratique s'anéantirait d'elle-même avec un peu de temps, et que comme le cardinal Grimaldi dans une opposition déclarée trouverait un obstacle invincible, le cardinal Odescalchi, par la fermeté de la poursuite de l'autre, en trouverait de même un pareil sans que nous fussions jamais obligés de dire qu'on s'opposerait à un sujet digne du pontificat [2]? »

Le sentiment du cardinal d'Estrées, comme celui du cardinal de Bouillon, était de se servir de Grimaldi pour rompre l'élection d'Odescalchi, ainsi que le prescrivait le *Mémoire anonyme* envoyé au Conclave le 1er septembre, et il justifiait ce sentiment en disant que les ordres du roi n'obligeaient pas « à concourir à Odescalchi », et que l'on pouvait se rapprocher d'Altieri, sans porter aucune atteinte à l'alliance avec Chigi et Rospigliosi. L'avis du

16 septembre 1676 : « Je voudrais toujours l'éclat et la dureté d'une exclusion positive, mais sans être obligé de la déclarer... »

[1] Archives dès Affaires étrangères, avis de M. le cardinal -d'Estrées à M. l'ambassadeur, du 16 septembre 1676.

[2] *Ibid.*

cardinal d'Estrées était du 16, et Retz y faisait le même
jour la réponse suivante : « Ce qui avait donné fondement à ma dernière lettre qui combattait la proposition
de M. de Bouillon, est la pensée que j'avais, et que l'on
ne pouvait exclure le cardinal Odescalchi sans manquer
aux ordres du roi, et que nous ne pouvions dans le fond
nous accommoder avec le cardinal Altieri, en conservant
Chigi et Rospigliosi, au moins sans hasarder le secret
très-nécessaire à l'égard d'Odescalchi, supposé que l'un
et l'autre se puisse, comme il est porté par le *Mémoire* de
M. le cardinal d'Estrées; je suis persuadé et que l'avantage de réunir dans le service du roi tout ce qui est dans
le sacré collége indépendant de l'Espagne est si grand pour
tout le corps, et que la gloire du roi se trouve si fort à
obliger une faction entière qui lui paraît contraire et à le
servir en cette occasion et à abandonner ses amis que ces
deux considérations... l'emportent sur mon esprit, sur
les autres inconvénients qui m'avaient obligé à ne pas
approuver la proposition de M. le cardinal de Bouillon.
La principale était que si nous rompions le col à Grimaldi
et à Odescalchi, nous tomberions dans un labyrinthe où
nous ne verrions plus goutte (ce qui est inévitable), et où
nous serions peut-être obligés de donner à une *sconciatura*. Le remède à ce dernier est de se fixer, dès à présent, à ne se relâcher jamais pour ne recevoir que des
sujets de mérite et les régler dès à cette heure avec les
chefs de faction. Je vois bien que cela peut aller à de
grandes longueurs. Mais je ne les craindrais pas si elles
nous produisaient un bon pape, avec la réunion de seize
cardinaux, dans une conjoncture où nous ne savons pas
ce que le pontificat futur pourra produire au roi sur ce

qui le regarde. Si l'on prend ce parti, je crois qu'il est de toute nécessité de s'accommoder avec le cardinal Altieri devant que de rompre le col à Odescalchi, par ce que autrement nous dépendrions absolument de lui.

« Depuis ce que dessus, nous avons reçu la lettre (celle que nous avons citée plus haut) par laquelle Votre Excellence nous écrit que quelque parti que l'on prenne, il faut bien prendre garde de ne pas tomber dans la nécessité de donner l'exclusion à Odescalchi, ce qui serait tout à fait contraire aux ordres du roi. Si l'on prend le parti proposé par M. le cardinal d'Estrées qui revient à fort peu près à celui proposé il y a deux jours par M. le cardinal de Bouillon, on tombe dans la nécessité d'exclure Odescalchi, à moins que par le mot d'exclusion Votre Excellence n'entende que l'on aille déclarer aux chefs de faction que le roi ne veut point d'Odescalchi, ce que l'on ne sera pas obligé de faire. Mais on sera obligé de faire l'équivalent, quant à l'effet et à la persuasion de tout le conclave. C'est purement à Votre Excellence à décider sur le mot et sur la substance de l'exclusion [1]. »

Le cardinal de Bonzi donna, comme les cardinaux de Retz, de Bouillon et d'Estrées, son avis sur la lettre du roi. Nous en citerons quelque chose pour être complet, et l'on verra qu'il ne se compromettait pas. « Que peut-on dire après trois cardinaux du mérite et de la capacité de ces messieurs mes anciens ? L'ouverture de M. le cardinal de Bouillon me touche, les réflexions de M. le cardinal de Rais m'effrayent, et les sentiments de M. le cardinal d'Estrées, qui se conforment fort à ceux de M. le

---

[1] Archives des Affaires étrangères, billet de M. le cardinal de Rais à M. l'ambassadeur, du 16 septembre 1676.

cardinal de Bouillon, me rendent incertain dans mon avis. Si je me détermine en faveur de leur opinion, ils n'en seront guère plus forts, et si je suis les pensées de M. le cardinal de Retz, je n'ajouterai rien à leur poids et à leur force. J'avoue que tout ce qui pourrait rétablir le cardinal Altieri dans les bonnes grâces du roi me flatte beaucoup, mais le zèle pour son service me touche encore plus [1]. » Le reste est dans le même ton.

Malgré les raisons de Retz si justes et si conformes aux ordres de Sa Majesté, le cardinal de Bouillon et le cardinal d'Estrées insistaient pour l'élection de Grimaldi, et le premier fut chargé de lui en parler. Le vieux cardinal accueillit avec bienveillance cette ouverture ; il s'en montra touché. Mais il répondit qu'il ne serait pas élu, que le sacré collége ne voterait jamais pour lui. Dans l'état où étaient les choses, il ne pouvait servir que de prétexte pour rompre le cou à Odescalchi. Que l'on fît, même sans lui en parler, cette tentative si l'on pouvait en retirer quelque avantage. « Rôti ou bouilli », tout lui était indifférent, pourvu que le service du roi s'y trouvât [2].

Le refus de Grimaldi et une nouvelle lettre de l'ambassadeur déclarant qu'il ne fallait pas le mettre sur les rangs, si l'exclusion d'Odescalchi devait en être la conséquence, parce que ce serait aller contre les ordres du roi, établirent l'accord entre les cardinaux français [3].

---

[1] Archives des Affaires étrangères, avis de M. le cardinal de Bonzi, du 14 septembre 1676.

[2] *Ibid.*, billet de M. le cardinal de Bouillon à M. l'ambassadeur, du 14 septembre 1676.

[3] Réponse de M. l'ambassadeur à M. le cardinal de Retz, du 17 septembre 1676.

Ils se rangèrent à l'avis de Retz, et adressèrent à M. le duc d'Estrées une lettre dans laquelle ils lui disaient : « ... De la manière dont l'affaire d'Odescalchi a commencé, et qu'elle a continué jusques à cette heure, on ne saurait rien faire, en portant un autre sujet, quelque tour qu'on y donnât, que ce ne fût une exclusion d'Odescalchi et qu'on ne *la* (*sic*) crût universellement. Cette vérité étant posée pour certaine et pour claire, comme elle nous paraît encore plus particulièrement, par ce que nous voyons dans le conclave, et Votre Excellence nous disant que l'instruction du roi n'est pas qu'on lui donne l'exclusion, nous sommes persuadés qu'il n'y a pas d'autre parti à prendre que de consentir à son exaltation, pour laquelle toutes les factions paraissent toujours engagées[1]. »

La lettre des cardinaux est datée du 17 septembre ; trois jours après, c'est-à-dire le 20, l'ambassadeur se présenta au conclave et prononça devant le sacré collége un discours solennel. Dans ce discours il disait que le roi son maître n'avait en vue que l'honneur et l'intérêt du saint-siége, et qu'il ne souhaitait pas moins que Leurs Éminences que l'élection tombât « sur un sujet digne d'une si haute élévation, qui par la pureté de ses mœurs, par l'innocence d'une vie sans reproches et consommée dans de continuelles actions de charité, par une longue application aux affaires ecclésiastiques, et qui, par un grand détachement des choses du monde aussi bien que par ses autres talents, sa doctrine et sa capacité », fît encore davantage « respecter en lui cette dignité », s'attirât « la vénération des princes et des peuples », et rem-

---

[1] Archives des Affaires étrangères, billet des cardinaux, du 17 septembre 1676, à M. l'ambassadeur. Voir l'Appendice, n° X.

plît « tout le christianisme de l'éclat de ses vertus[1] ». Le 22, Odescalchi fut élu pape et prit le nom d'Innocent XI. Le cardinal Cibo, pour qui Louis XIV réclamait un poste éclatant, fut nommé secrétaire d'État, avec le titre de cardinal neveu[2], et Retz écrivait à M. de Pomponne, en ayant bien soin de s'oublier lui-même : « L'Église doit incontestablement au roi le pape qu'elle a souhaité avec une passion extraordinaire. La division de la factiion d'Espagne qui a été jusqu'au scandale et au ridicule a encore rehaussé de beaucoup l'éclat que l'union de celle de France a eu dans Rome[3]. »

Telle fut la fin heureuse de ce conclave si laborieux. Nous avons multiplié, en racontant l'élection d'Innocent XI, les citations. Nous avons laissé le plus souvent le cardinal de Retz rendre compte lui-même de ses entrevues avec le cardinal Colonna et expliquer le sens de la lettre royale touchant l'élection d'Odescalchi. Il nous a semblé que nous y trouvions comme un écho des belles conversations avec le duc de Bouillon ou avec Condé insérées dans les *Mémoires*. Nous avons également fait de nombreux extraits des lettres de notre ambassadeur et des autres cardinaux français. Ces lettres sont en général agréablement écrites ; mais, par leur voisinage, elles font ressortir davantage l'éloquence de Retz et la supériorité de son génie. Dans ces pages qui sont à peu près les dernières que l'on connaisse de lui, il est aussi grand écrivain que dans les *Mémoires*. Il conserve toutes les qualités de son

[1] Archives des Affaires étrangères, discours de M. le duc d'Estrées prononcé au conclave, le 20 septembre 1676.

[2] *Ibid.*, lettre de M. le duc d'Estrées au roi, 23 septembre 1676.

[3] *Ibid.*, lettre du cardinal de Retz à M. de Pomponne, 22 septembre 1676.

imagination et de son style. Son esprit a encore toute sa jeunesse; il ne se ressent ni des atteintes ni des rides de la vieillesse.

Après l'élection d'Odescalchi, Retz avait hâte de quitter Rome qu'il ne devait plus revoir, et sa réputation était plus grande et mieux établie que jamais. Son prestige était sans égal. L'influence qu'il avait eue au conclave était connue de tous les cardinaux, et il n'y en avait pas un qui ne recherchât avec empressement l'honneur de son amitié. L'ambassadeur d'Espagne lui rendit visite au palais Farnèse chez l'ambassadeur français, et Altieri, qui était toujours en disgrâce auprès de Louis XIV, voulut le choisir pour être son intermédiaire auprès de Sa Majesté Très-Chrétienne [1]. Mais c'était là une mission très-délicate. Retz la déclina en alléguant qu'il craignait d'usurper sur les fonctions de l'ambassadeur [2], et il se mit en route pour Commercy aussitôt après le couronnement du nouveau pape. L'année suivante, il fut rappelé à Paris par un procès [3]. Il revit encore la capitale à laquelle il croyait depuis sa conversion avoir dit adieu pour toujours. Il s'établit tantôt à Saint-Denis, dans son abbaye, tantôt chez la duchesse de Lesdiguières, sa nièce. Son temps, en dehors des affaires, se partageait entre les exercices de piété qu'il multipliait de plus en plus, et la société de dames spirituelles et aimables, telles que madame de Sévigné, madame de la Fayette. Il n'était pas encore bien âgé; il n'avait que soixante ans; sa santé,

[1] Archives des Affaires étrangères, lettre de M. l'abbé de Bourlemont à M. de Pomponne, 27 octobre 1676.

[2] *Ibid.*

[3] Thèse de M. Gazier, sur les *Dernières Années du cardinal de Retz,* p. 176.

malgré ses infirmités, se soutenait; elle paraissait même bonne. Mais le 24 août 1679, il fut enlevé par la fièvre après une très-courte maladie.

Sa mort a été diversement commentée. On a parlé de suicide, d'assassinat, de révolte ouverte contre la religion. Mais M. Gazier a démontré victorieusement, pièces en main, que la fin de l'ancien frondeur avait été celle d'un cardinal et d'un pénitent sincèrement revenu à Dieu [1].

[1] *Les Dernières Années du cardinal de Retz*, p. 186, 206.

CONCLUSION

—

Nous croyons que notre travail aidera à faire apprécier
plus équitablement le cardinal de Retz. Jusqu'à présent
on ne connaissait guère que les scandales de sa jeunesse
et le rôle de révolté qu'il se donna sous la Fronde, où
sa conduite fut si contraire au caractère sacré, à la haute
dignité dont il était revêtu, et a mérité par là d'être
sévèrement condamnée. Mais nous avons montré qu'il ne
fut point toute sa vie un rebelle ni un conspirateur.
Revenu en France après les longues et dures années de
l'exil, il devint un sujet fidèle et dévoué, et il rendit à
la religion aussi bien qu'à la politique du roi des services signalés qui ne doivent point être oubliés. Sans
sa médiation, que serait devenue l'Église de France
en 1665?

La rupture entre Alexandre VII et Louis XIV aurait
peut-être été poussée jusqu'aux dernières extrémités.
Irrité des humiliations dont il n'avait cessé d'être abreuvé
dès le commencement de son pontificat, le pape était à
bout de patience. On parlait de jeter l'interdit sur tout le

royaume. La fille aînée de l'Église avait un pied dans le schisme; elle ne tenait plus que par un fil à l'unité de la foi. Retz, par son habileté et son esprit de conciliation, rétablit la paix, et après la mort d'Alexandre VII, il l'affermit en faisant élire dans les trois conclaves auxquels il assista de 1667 à 1676 des papes d'un esprit modéré et bienveillant pour la France. Clément IX, Clément X et Innocent XI furent sans aucun doute les meilleurs choix qu'il était possible de faire. Ils eurent tous les trois un ferme désir de vivre en bon accord avec Louis XIV; ils usèrent de toutes les précautions imaginables pour ne pas froisser cette majesté ombrageuse, et si le dernier ne peut éviter la lutte avant la fin de son pontificat, c'est que Retz, le médiateur par excellence, n'était plus là, et que le roi de France ne savait mettre aucune borne à ses prétentions et à son orgeuil. Il lui fallait pour l'abaisser les sévères leçons que la Providence lui infligea dans les dernières années de son règne.

Mais le cardinal de Retz ne se contenta pas de se réconcilier avec Louis XIV et de le servir fidèlement. Mûri par l'âge et l'expérience, il se réconcilia aussi avec Dieu qu'il avait tant offensé dans le cours de sa vie. La conversion du vieux frondeur, longtemps discutée et tenue pour incertaine, est aujourd'hui démontrée. Les documents réunis par M. Gazier, ceux que nous avons produits nous-même, ne laissent, croyons-nous, subsister aucun doute, et quand les recherches entreprises depuis quelques années sur ce personnage extraordinaire n'auraient servi qu'à éclaircir ce point décisif, elles n'auraient pas été du temps perdu. Car dans la vie d'un prêtre, d'un cardinal de l'Église, il n'y a rien de plus important que de savoir si cette vie s'est terminée dans des sentiments chrétiens. Aussi les nombreux amis de Retz, en apprenant son retour tardif à Dieu, furent transportés de joie. Madame de Sévigné va, dans son enthousiasme, jusqu'à l'appeler le héros du bréviaire; elle le compare à Turenne et les élève tous les deux bien au-dessus du reste des hommes.

Par sa conversion, Paul de Gondi rentre tout à fait dans le cadre du dix-septième siècle. Après les écarts de la jeunesse et l'indifférence de l'âge mûr, il retrouva les sentiments de foi et de piété dans lesquels sa vertueuse mère et son précepteur, Vincent de Paul, l'avaient élevé, et par là il cesse d'être une exception douloureuse à l'exemple ordinairement suivi. La nature humaine, certes, n'était pas meilleure alors qu'en d'autres temps. Elle avait ses défaillances et ses misères. L'homme, comme toujours, était faible et se laissait entraîner par ses passions. Les grands scandales mêmes n'étaient pas rares. Mais il arrivait un jour où la foi endormie se réveillait au fond du cœur et y opérait un changement complet. Retz, touché de la grâce, comprit combien il était coupable devant Dieu. Il avait donné des scandales publics, il devait les expier par une pénitence publique. C'est par ce motif qu'il renvoya au pape son chapeau de cardinal, et qu'il voulut cacher le reste de sa vie dans le couvent de Saint-Mihiel sous le capuchon de moine; et si le saint-siége ne s'y fût opposé, il aurait certainement accompli son dessein. Sa pénitence ne fut pas aussi éclatante ni aussi longue que celle de Rancé, de Ponchâteau et de tant d'autres; mais elle ne fut ni moins fervente, ni moins sincère. Espérons qu'elle aura été d'une aussi grande efficacité devant Dieu ; car, comme le dit Bossuet, « c'est l'effet d'un art consommé de réduire en petit tout un grand ouvrage ; et la grâce, cette excellente ouvrière, se plaît quelquefois à renfermer en un jour la perfection de toute une vie ».

APPENDICE

' 1

(*Se rapporte à la page* 6.)

Nous transcrivons ici les deux lettres que Retz écrivit à M. de
Lionne touchant les premières conversations qu'il avait eues
avec les cardinaux Albizzi et Pallavicini. Nous n'avons pas cru
devoir les insérer en leur lieu et place, parce qu'elles ont un
caractère trop théologique.

Lettre du cardinal de Retz à M. de Lionne :

« 14 juillet 1665.

« Monsieur, je ne vous ai point écrit depuis le 13 du mois
passé, parce que je n'ai eu aucune matière que celle que les
cérémonies ordinaires de Rome m'eussent pu donner. Comme
vous les voyez de Paris aussi clairement que moi-même, je suis
persuadé que le journal vous en aurait été aussi ennuyeux qu'i-
nutile au service du roi, et après vous avoir mandé, comme
j'ai fait, que je me conduirais absolument dans toutes les démarches selon les avis de M. de Bourlemont, je crois que je
n'ai rien à y ajouter par cet ordinaire, que le récit d'une conversation que j'ai eue ici depuis quelques jours avec M. le cardinal Albizzi.

« Je connus sensiblement aux premières paroles qu'il me dit,
en me rendant sa visite, qu'il avait impatience de sortir des
compliments ordinaires pour me parler d'affaires, et je fus bientôt confirmé dans cette pensée par l'affectation qu'il eut à entrer
en discours sur la censure de la Faculté de théologie de Paris, et
ensuite sur la bulle du pape. Je me défendis quelque temps de
lui répondre sur ce sujet, en lui témoignant que, comme je ne
savais ni les intentions du roi sur cette bulle, ni le détail de ce
qui s'était passé ici sur cette matière, je n'en pouvais rien dire

de particulier. Il ne laissa pas de me presser avec beaucoup
d'instances de m'ouvrir un peu davantage sur le fond de la
question, et comme je vis, par de certaines expressions, qu'il
se voulait persuader à lui-même que j'étais de son sentiment,
et qu'il tournait la chose d'une manière selon laquelle il lui eût
été facile de donner à mon silence dans le monde un sens qui
n'était pas assurément le mien, je crus être obligé de m'expliquer et de lui dire, comme en confidence entre lui et moi, que
je ne pouvais concevoir les motifs qui avaient obligé la cour
de Rome à la publication de cette bulle ; qu'ayant été nourri
dans la Sorbonne dès mon enfance, et y ayant pris tous les
degrés, je ne pouvais ignorer ses véritables sentiments ; que je
savais certainement qu'ils n'avaient jamais été de condamner
l'opinion qui soutient l'infaillibilité du pape, quoique cette
opinion ne soit pas celle de la Faculté de théologie ; que la censure n'a point touché cette doctrine de Rome, mais seulement
celle qui dit que la contraire est hérétique, et que je ne pouvais concevoir par conséquent les raisons par lesquelles la
cour de Rome, qui n'a jamais prétendu jusqu'ici faire passer
pour un article de foi son opinion de l'infaillibilité du pape,
condamnerait une censure qui ne dit dans le fond que ce que
les auteurs mêmes qui soutiennent l'infaillibilité du pape en-
seignent en mille endroits de leurs ouvrages, qui est que l'une
ni l'autre n'est de foi. M. le cardinal Albizzi me répondit que
si la Sorbonne s'expliquait comme moi, le procès serait bientôt
fini ; que l'on n'avait rien oublié du côté de Rome pour obliger
la Faculté de théologie à donner à sa censure le sens que je
prétendais qu'elle avait, et que rien n'avait obligé le pape à
publier sa bulle que l'ambiguïté qui se trouvait dans les paroles de la censure, et qui eût pu, à ce qu'il disait, faire croire
à la postérité que la Faculté de théologie de Paris eût condamné impunément, à la vue de Rome, l'opinion de l'infaillibilité comme fausse, téméraire, etc. Vous pouvez croire, Monsieur, que je ne demeurai pas sur ce point sans répartie, et
que j'essayai de lui faire voir qu'il n'y a rien dans la censure
qui ne marque clairement qu'elle n'a prétendu condamner que

l'opinion qui déclare hérétique celle qui est contraire à l'infaillibilité du pape. La contestation s'échauffant, nous entrâmes
dans l'autre point, c'est-à-dire dans la défense que fait la
bulle, à toutes personnes sans exception, de prendre connaissance, etc. ; et M. le cardinal Albizzi me soutint que Rome ne
prétendait blesser en aucune manière l'autorité des évêques,
qu'elle avouait être incontestable, et qu'elle n'avait inséré cette
défense dans la bulle que pour faire voir à la Faculté de théologie que le pape s'était encore réservé le moyen de faire
quelque chose de plus, en cette affaire, qu'il n'avait fait. J'avoue
que je ne pus comprendre sa raison, quelque peine qu'il prît
à me la faire concevoir, et je me contentai de lui dire que
cette inhibition paraissait dans la bulle si générale et si contraire aux maximes de France que j'appréhendais qu'elle n'eût
de mauvaises suites..... M. le cardinal Albizzi dit avant-hier au
Père Macedo, cordelier portugais, qu'il avait un extrême regret de ne m'avoir pas entretenu devant que la bulle eût été
envoyée. Comme il n'a pu douter que ce religieux ne me céle-
rait pas la confidence qu'il lui a faite, je suis persuadé qu'il a
bien voulu que je le susse. Vous jugez mieux que moi quelle
vue il peut avoir eue dans cette conduite, de laquelle je crois
être obligé de rendre compte au roi, parce qu'elle m'a paru
suivie et affectée. Je suis, avec toute la sincérité et la passion
imaginables, etc. »

Lettre du même au même :

« 21 juillet.

« Je vis avant-hier M. le cardinal Pallavicini, qui affecta, avec
un peu plus de circuit que M. le cardinal Albizzi, de me faire
entrer dans le discours de la censure et de la bulle. Il me dit
que si la Faculté de théologie de Paris se fût contenté de censurer la proposition de Guimenius (pseudonyme sous lequel
le Père Mathieu Moya avait publié son livre) comme fausse, et
non comme téméraire, scandaleuse, etc., la cour de Rome fût
demeurée dans le silence. Il ajouta que la doctrine de l'infail-

libilité du pape étant tenue par le saint-siége et par toutes les universités du monde, à ce qu'il prétend, excepté celle de Paris, il devait être permis à tous les théologiens de qualifier la contraire comme il leur plairait. Il me voulut prouver ensuite, aussi bien que M. le cardinal Albizzi, que la défense que fait la bulle à toutes personnes de prendre connaissance, etc., ne touche en aucune façon l'autorité des ordinaires, et n'a eu d'autre principe que le dessein que le pape a pris de faire voir à la Sorbonne que si elle ne se soumettait à la bulle, Sa Sainteté s'était réservé des moyens plus forts que ceux qu'elle avait employés jusqu'ici. Il finit son discours en me disant que cette affaire se pouvait accommoder en un quart d'heure. Comme je ne pus concevoir les raisons qui ont été capables de porter la cour de Rome à faire une différence si considérable entre une censure qui n'eût condamné la proposition que comme fausse, et une autre qui l'a qualifiée de téméraire, scandaleuse, etc., je ne répondis sur ce point qu'en avouant avec ingénuité que je ne pouvais pas comprendre la justesse de ce raisonnement. Je payai de la même humilité, touchant les motifs qu'il m'avait allégués de la défense portée dans la bulle à toutes personnes de prendre connaissance, etc., parce qu'en effet je ne puis imaginer aucun rapport entre cette inhibition et le fondement sur lequel on l'appuie. Je combattis par les mêmes raisons dont je m'étais déjà servi avec M. le cardinal Albizzi sur le gros de la question, les principes par lesquels M. le cardinal Pallavicini prétend que tout le monde a droit de condamner comme hérétique *materialiter* l'opinion contraire à l'infaillibilité du pape, et pour ce qui est de la facilité d'accommoder l'affaire, je lui dis que j'appréhendais que la publication de la bulle n'y apportât peut-être de nouveaux embarras plus difficiles à démêler que ne l'aurait pu être le fond même de la question dans les commencements.

« J'ai cru, Monsieur, être obligé de vous donner part de ce détail, parce que vous y pouvez remarquer une différence notable des sentiments de M. le cardinal Pallavicini à ceux de M. le cardinal Albizzi, celui-ci m'ayant assuré d'abord que Rome n'approuve point que l'on condamne l'opinion de la Faculté de théologie de Paris, touchant l'infaillibilité du pape, et celui-là m'ayant dit nettement que la Faculté de théologie même ne peut pas se plaindre que ceux qui écrivent condamnent son opinion. Il me répéta plusieurs fois à la fin de la conversation que si la Sorbonne se voulait expliquer le moins du monde, toutes choses seraient pacifiées en un instant; sur quoi je ne le pressais point de s'éclaircir..... »

II

(Se rapporte à la page 7.)

Nous donnons ici les lettres que Retz adressa à M. de Lionne pendant son voyage; elles sont admirablement écrites et montrent quel était le crédit dont le cardinal jouissait au delà des Alpes.

Milan, lettre du cardinal de Retz à M. de Lionne :

« 28 mai 1665.

« Monsieur,

« Ce qui s'est passé jusqu'ici dans mon voyage est de si peu de considération pour le service du roi que je croirais manquer au respect que je lui dois, si je prenais la liberté de lui en rendre compte directement; mais je trouve d'ailleurs tant de satisfaction à soumettre à Sa Majesté tous les pas et tous les moments d'une vie qui ne sera jamais qu'à elle, que je ne puis m'empêcher de vous donner part de ce petit détail, et de vous supplier d'agréer que je commence dès aujourd'hui à prendre avec vous une correspondance que je continuerai assurément avec autant de joie que de sincérité. La saison, qui commence à me presser, et qui ne me permet pas de perdre du temps en des cérémonies inutiles, me fit prendre la résolution, en sortant de Lorraine, de passer partout incognito. Je n'ai vu qu'en cette manière M. le nonce de Lucerne, qui me fit les compliments de M. l'ambassadeur d'Espagne, et qu'il lui rendit le lendemain de la même façon. J'arrivai hier au soir ici, je me logeai dans une hôtellerie, et au même temps que j'ai envoyé ce matin un gentilhomme à M. dom Louis-Ponce de Léon, j'ai prié M. l'abbé de Vatteville que je connais, il y a fort longtemps, de faire en sorte auprès de lui qu'il me laissât dans toute la liberté de l'incognito. Après beaucoup d'honnêtetés et d'efforts pour me loger, etc., il s'est enfin contenté de me donner M. le comte Hercule Visconti pour me faire voir sans cérémonie le corps de saint Charles, le château, et la ville; mais il s'est opiniâtré absolument à me vouloir rendre une visite; je l'ai reçue ce soir chez M. l'abbé de Vatteville, où je suis venu coucher, parce que j'ai connu que ce qui faisait le plus de peine à M. le gouverneur de Milan sur mon incognito était de me voir loger dans une hôtellerie. Il n'a été qu'un quart d'heure avec moi, et il ne m'a parlé après les civilités ordinaires que de la passion qu'il avait eue à Rome de servir Sa Majesté. Je pars demain pour Florence contre ma première résolution, qui avait été de passer par Lorette; mais j'ai changé de pensée sur ce que l'on m'a fait connaître ici que, prenant le chemin des montagnes de Toscane, je m'épargnerais l'incommodité des chaleurs, et que j'accourcirais de plus mon voyage de sept ou huit jours. Je vous supplie, Monsieur, d'être persuadé qu'il n'y aura jamais personne qui souhaite avec plus de passion l'honneur de votre amitié; et qui soit plus véritablement et plus sincèrement que moi,

« Monsieur,

« Votre très-affectionné serviteur,

« Le cardinal DE RETZ. »

Florence, du même au même :

« 7 juin 1663.

« Monsieur, je vous écrivis de Milan le 28ᵉ du passé; j'en partis le 29ᵉ, et je n'y vis personne depuis M. dom Louis-Ponce de Léon que M. le marquis Fiorenza, beau-fils de M. le marquis de la Fuente, qui, je crois, par cette raison, affecta de me rendre visite. Aussitôt que je fus sur le Plaisantin, j'envoyai un gentilhomme à M. de Parme, pour lui faire des excuses de ce que le chemin des montagnes, que les chaleurs m'obligeaient de prendre, m'empêchait d'avoir l'honneur de le voir. J'arrivai ici le cinq de ce mois, et j'avais fait dessein d'y passer aussi incognito ; mais un mot équivoque que M. Ugolini, gouverneur de Pise, et qui m'y a logé chez lui, écrivit en cette ville, a fait que M. le grand-duc, ne croyant pas que ce fût ma pensée, m'a reçu en la manière accoutumée. Il m'a demandé si j'avais quelque ordre du roi, pour ce qui touche madame la princesse de Toscane ; et comme je lui ai dit que non, il m'a témoigné qu'il serait bien aise que je n'eusse pas l'honneur de lui rendre mes très-humbles devoirs ; ce qui m'en paraît est que l'on a résolu en cette cour de ne la laisser plus voir à personne qu'à ceux qui lui seront envoyés de la part du pape ou de celle du roi. Je fais état de partir d'ici demain au matin pour me rendre le douze ou treizième de ce mois à Rome. Je vous supplie de croire que j'y serai comme partout ailleurs inviolablement,

« Monsieur,
« Votre très-affectionné serviteur,
« Le cardinal DE RETZ. »

Rome, du même au même :

« 16 juin 1665.

« Monsieur, je vous écrivis de Florence le 7ᵉ de ce mois ; j'en partis le 8ᵉ et demeurai tout le 9ᵉ à Sienne chez M. le prince Mathias. J'y rendis mes devoirs aux parents de Sa Sainteté, et arrivai en cette ville la nuit du samedi au dimanche. J'y vis dès la pointe du jour M. de Bourlemont, qui me donna les ordres de Sa Majesté pour ce qui regarde la reine de Suède, et M. le cardinal Azzolini. Je les observerai ponctuellement, et je m'en suis déjà acquitté à l'égard du dernier, qui m'a fait demander immédiatement si j'étais en état de recevoir son compliment. Comme je n'ai point eu jusques ici d'ordres particuliers du roi sur le reste de ma conduite, je n'ai pas cru le pouvoir régler plus justement, selon ses intentions, que par les conseils de

M. de Bourlemont, que j'ai absolument suivis dans les premiers pas de compliments et de cérémonies que j'ai été obligé de faire en arrivant ici. »

III

(Se rapporte à la page 42.)

Lettre du cardinal de Retz à M. de Lionne :

« 15 juin 1666.

« Monsieur,

« Vous aurez vu par ma dernière que je ne me pouvais rendre aux bruits de Rome qui voulaient que le pape eût quelque dessein caché touchant l'investiture du royaume de Naples. Je ne me suis pas trompé dans mes conjectures, et ce qui s'est passé dans la congrégation consistoriale de samedi montre plus que suffisamment que Sa Sainteté, en cette occasion, n'a pensé qu'à se tirer d'affaire et à suivre l'exemple de ses prédécesseurs. Je vous ai déjà mandé qu'il avait affecté de prendre celui de Clément VIIIe, eu égard à la forme, et je vous puis dire aujourd'hui qu'il n'y a pas trouvé plus de difficulté dans la matière, puisque la congrégation des chefs d'ordre a décidé que le pape était obligé d'accorder l'investiture en la même manière que si le roi d'Espagne eût prêté le serment dans les six mois ; que quand bien même il eût été mineur, c'est-à-dire qu'il eût eu sept ans passés, on ne la lui eût pas pu refuser, nonobstant ce délai, parce que l'obligation de le faire dans ce terme n'emporte aucune peine, selon les bulles, en cas de défaut ; que tout ce qui eût été possible, même suivant cette supposition, eût été de *sanare il momento* par un acte qui eût remédié pour l'avenir à de pareils inconvénients ; mais que le roi d'Espagne n'étant que pupille, c'est-à-dire n'ayant pas sept ans, il n'y restait pas seulement ombre de difficulté, puisque les rois de Naples ne sont obligés de prêter leur serment qu'après qu'ils ont pris possession de leur royaume, et qu'ils ne sont jamais censés l'avoir prise que quand ils commencent à entrer dans la minorité; que les bulles portant de plus qu'ils ont un an pour s'acquitter de ce devoir, quand les papes ne sont pas en Italie , il y a raison pareille d'inférer qu'ils doivent jouir de ce privilége, quand eux-mêmes en sont éloignés. Ces raisons, qui furent portées à la congrégation des chefs d'ordre par l'agent et par l'avocat d'Espagne, passèrent pour bonnes. Je n'ai pas assez de déférence pour ces sentiments, pour m'être laissé persuader de toutes également, et je n'en trouve en mon particulier aucune de recevable que celle qui est tirée de la nature de la clause de six mois, qui n'emporte, comme je vous ai déjà dit, aucune peine. Et il est vrai que celle-là est si solide et si convaincante que je n'ai jamais cru que le pape pût inquiéter les Espagnols sur cet article. Il ne fut pas seulement traité de problématique dans la congrégation des chefs d'ordre, et le résultat fut que l'on accorderait au roi d'Espagne l'investiture en la forme et teneur qu'elle avait été accordée à ses prédécesseurs. L'avis certain que nous eûmes, M. de Bourlemont et moi, du détail de cette délibération nous confirma dans la pensée que le pape ne voulait rien innover, et fit qu'au lieu de songer aux précautions particulières, touchant l'incompatibilité et la renonciation de la Reine, que je vous avais manquées par ma dernière, nous ne nous appliquâmes qu'à examiner celles qui pouvaient empêcher en général que la rénovation de l'investiture autorisât, par quelque circonstance, les vues que les Espagnols peuvent avoir sur ces matières, ou blessât les droits que Sa Majesté a sur le royaume de Naples par le testament de Charles, comte du Maine, qui transmit à Louis XI les droits de la maison d'Anjou, par la donation de Jeanne II à Jacques de Bourbon, comte de la Marche, par l'investiture donnée par Alexandre VI à Charles VIII, et par le traité de Louis XII avec Ferdinand. M. de Bourlemont, à mon opinion, n'eût pas eu beaucoup de partis à choisir sur ce qui regarde ces anciens droits, parce que, bien qu'ils soient fort légitimes, ils n'ont pas été tenus assez en rigueur en cette cour par les ambassadeurs et par les ministres de Sa Majesté pour prétendre avec fondement de les y pouvoir soutenir par

des actes plus forts et plus positifs que par des clauses générales, et par les exceptions communes du droit d'autrui. Ce n'est
pas qu'il ne nous parût très-rude, à lui et à moi, de voir renouveler en notre présence une investiture directement contraire
à celles dont la France tire ses droits sur la couronne de
Naples, sans y pouvoir apporter d'autre remède que cette
exception du droit d'autrui qui passe parmi tous les jurisconsultes pour être une clause de nulle valeur, quand elle n'est
que générale. Mais après avoir examiné à fond les moyens que
nous pourrions prendre pour nous tirer de ce pas, nous n'y
rencontrions que fort peu d'ouverture, parce que tous les chemins particuliers s'y trouvaient embarrassés par tant de circonstances qu'ils nous paraissaient beaucoup moins utiles que
dangereux. Quelle apparence de supposer une investiture que
le pape est obligé par les bulles de ses prédécesseurs de donner
au roi d'Espagne aussitôt qu'il la lui demande? Quelle contumace à des cardinaux de s'absenter d'un consistoire qui est
intimé sur un sujet si ordinaire et si peu contesté, que nous en
avons trois exemples différents dans notre siècle, etc. . . . . . .

« M. de Bourlemont balançait ces raisons qu'il avait souhaité
que je discutasse avec lui, lorsqu'il s'aperçut, par l'étude d'une
nuit qu'il employa tout entière à rechercher le sens et l'esprit
des dernières investitures, qu'il y avait des difficultés dans la
matière sans comparaison plus considérables que celles que
nous nous formions sur ces anciens droits, et il me dit que la
clause insérée dans toutes les investitures, qui adjuge la succession du royaume aux successeurs et héritiers de celui qui a
été investi, lui faisait beaucoup de peine, parce que, selon
toutes les lois et toute la pratique du royaume, elle excluait du
bénéfice de l'investiture la reine, qui, selon ces mêmes lois et
ces mêmes pratiques, ne pouvait être tenue pour héritière, à
cause de sa renonciation. Nous fîmes réflexion en cet endroit
que l'état où se trouve la cour de Rome à l'égard de celle de
France porterait fort aisément et fort naturellement les
maximes de sa jurisprudence civile jusqu'à la politique; et
comme l'âge et l'état de la santé du roi d'Espagne obligeaient à

faire plus de considération sur les clauses particulières de l'investiture que sur ces droits anciens dont je vous ai déjà parlé, nous devions aller au plus pressé et chercher des tempéraments qui nous donnassent lieu, en évitant les inconvénients que je vous ai marqués dans la suite de cette lettre, de prévenir, au moins autant qu'il nous serait possible, ce que l'on peut craindre de la manière dont la cour de Rome a accoutumé dans les procès ordinaires d'expliquer la clause, où ces deux qualités de successeur et d'héritier se rencontrent conjointes ; et ainsi nous jugeâmes que, puisque nous ne trouvions que trop naturellement dans cette clause le sujet de méfiance que nous ne nous étions figurés d'abord que dans la mauvaise disposition où cette cour est pour la France, ou dans quelque surprise des Espagnols, il était à propos de chercher de nouveau avec soin les expédients que nous n'avions pas crus si nécessaires, depuis quelques jours, parce que nous avions reconnu assez clairement, à notre opinion, qu'il n'y avait rien à craindre ni du côté du pape qui ne voulait rien innover, ni de celui d'Espagne qui ne prétendait qu'à avoir l'investiture selon la forme ordinaire. Ce n'est pas que nous ne fissions réflexion, M. de Bourlemont et moi, sur les nullités de la renonciation de la reine qui ne se peut soutenir à l'égard du royaume de Naples, parce qu'il n'aurait pas été en son pouvoir, quand même elle aurait été majeure, de changer, sans le consentement du pape et du collége, l'ordre de l'investiture qui l'appelle immédiatement après le roi son frère, le seul mâle qui reste de la maison d'Autriche, qui est l'empereur, étant incapable de cette succession, et l'impératrice ne l'étant pas moins par la même raison. Mais comme nous voyons par la disposition où sont les choses que, si le cas arrivait, on irait assurément fort vite en cette cour à suppléer tous ces manquements, à donner toutes les dispenses et à faire tous les passe-droits imaginables, qui sont en la puissance du Seigneur, et comme nous avons appris d'ailleurs que l'on dit par avance assez publiquement et au palais même chez plusieurs cardinaux que, quand même la renonciation serait nulle de droit, le pape serait obligé par cette clause de *successores et heredes* à la reconnaître pour bonne jusqu'à ce que la nullité fût jugée, dont vous voyez la conséquence, nous avons estimé qu'il fallait au moins prendre une date, pour faire que ce qui se passerait dans le consistoire en notre présence, et le concours même que les cardinaux de la faction française ne pourraient refuser à l'investiture, ne pussent être employés à l'avenir comme un consentement que les sujets et les serviteurs de Sa Majesté auraient donné à ce que l'on voudrait peut-être dans les suites expliquer contre son service.

« Je vous ai marqué ci-dessus les inconvénients que nous avons trouvés à nous absenter du consistoire, et ceux que nous avons jugés qui se rencontreraient encore plus grands à nous opposer, puisque nous n'en aurions tiré quoi que ce soit, que la satisfaction que nous aurions donnée aux Espagnols de leur faire voir cinq vœux pour nous contre trente-six donnés en leur faveur, de souhaiter du pape ce qu'aucun des ministres des rois prédécesseurs de Sa Majesté ne lui a demandé depuis cent ans, et d'unir davantage contre les intérêts de la France tout le sacré collége par l'ombrage qu'il eût pris d'une nouveauté qu'il eût soupçonnée de quelque plus grand dessein. Nous joignîmes à ces raisons celle que je vous ai déjà touchée, qui est de ne point donner lieu aux Espagnols de dire, en cas de mort du roi d'Espagne, que les Français auraient été si persuadés que les clauses de l'investiture leur sont contraires qu'ils l'auraient même, ou combattue dans le consistoire, ou désapprouvée par leur absence. M. de Bourlemont se résolut sur ces principes à prendre un *mezzo termine,* et il fut d'avis que nous opinassions d'une manière qui, sauvant les inconvénients que je vous viens d'expliquer, et laissant au roi les avantages qu'il a par ses droits anciens, marquât particulièrement que nous prétendons qu'il en acquière encore de nouveaux par la nouvelle investiture. Vous verrez, à mon opinion, par la suite de cette lettre, que M. de Bourlemont a réussi fort justement dans ses mesures.

« Il désira que nous conférassions, lui et moi, avec les cardinaux de la faction, et je crois qu'il vous mande ce qui se passa

dans ces visites, sur lesquelles je me contenterai de vous dire
que je crus être obligé de commencer mon discours par la
protestation que je leur fis de ne parler sur ces matières que
parce que M. de Bourlemont l'avait souhaité, étant persuadé
que nous devions les uns et les autres faire sans discussion et
sans difficulté tout ce que le ministre du roi jugerait qu'il fût
à propos pour son service. J'y trouvai MM. les cardinaux si
disposés qu'il ne me resta qu'à les suivre, comme vous verrez
après que je vous aurai fait le détail de quelques préalables de
la congrégation consistoriale qui fut tenue samedi. Il y eut
vendredi des conclusions, à la réception d'un auditeur de rote
espagnol où tout le collége se trouva, et où M. le cardinal
Chigi affecta de publier qu'il n'y aurait point de délibération
le lendemain, qu'elle serait remise à une congrégation suivante, et que l'on se contenterait en celle-là de rapporter ce
qui aurait été fait par les chefs d'ordre. Je trouvai ce même
bruit samedi au matin en arrivant au palais, et cette incertitude
déplut fort au collége et obligea même quelques cardinaux à
dire au seigneur Favoriti, secrétaire du consistoire, qu'ils ne
pouvaient concevoir pourquoi le pape affectait de les traiter
avec cette hauteur, sur une affaire qui les regardait aussi
directement et aussi principalement que celle dont il s'agissait;
qu'ils s'étonnaient au dernier point que l'on ne leur eût pas
porté chez eux les pièces nécessaires, pour pouvoir délibérer
avec plus de connaissance, et le murmure commençant un peu
à croître, j'avoue que, me ressouvenant de ce que M. de Bourlemont m'avait dit, qu'il ne serait pas mal à propos d'embarrasser
un peu la scène, si on le pouvait faire couvertement et naturellement, j'avoue, dis-je, que je ne m'employais pas avec chaleur à apaiser l'altercation qui paraissait dans les esprits. J'eus
pourtant sujet de n'être pas fâché de ce que je ne m'étais pas
trop ouvert ; car elle ne dura guère , et quand je voulus pénétrer
jusqu'où elle se pouvait porter, je trouvai qu'elle se terminerait
à consentir fort paisiblement que l'investiture fût accordée dès
ce jour-là en la forme ordinaire.

« Je vous confesse qu'il ne me fut pas possible d'être si mo-

déré sur un autre incident. Le maître des cérémonies du pape
dit à quelques cardinaux que Sa Sainteté, étant fort incom-
modée de la grande chaleur, voulait que l'on n'opinât que du
bonnet, et un de ceux-là me le vint dire en présence de quelques autres. Il me passa par l'esprit que ce pouvait être un
artifice des Espagnols qui eussent mis le pape en défiance de
quelque éclat des Français, et voyant que tout le monde se
regardait et que personne ne répondait à ce que l'on venait
d'avancer, je pris la parole et je dis que je ne pouvais croire
que ce discours vînt du pape, parce qu'il me paraissait inju-
rieux au sacré collége, que je déclarais en mon particulier que
je parlerais, parce que je m'y croyais obligé par ma dignité.
Sur quoi tout le monde demeura dans le silence. Je veux croire
que le maître des cérémonies avait avancé cette proposition de
lui-même, sans la participation du pape; au moins Sa Sainteté
entra-t-elle un quart d'heure après, et mit l'affaire en délibération en la manière accoutumée, et en nous demandant fort
positivement nos avis. »

Retz, après avoir raconté la cérémonie de l'investiture,
comme nous l'avons nous-même racontée après lui en son lieu,
apprécie de la manière suivante les paroles dont il accompagna
son vote et que nous avons rapportées page 47 :

« Vous voyez, par mon vœu, dit-il, que les anciens droits
acquis au roi sont réservés comme par une manière de protestation, et qu'ils le sont pourtant d'une façon qui établit même
le nouveau que Sa Majesté acquiert par l'investiture, en cas de
la mort du roi d'Espagne. Il aurait été à souhaiter que le pape
et le collége eussent bien voulu se porter à insérer dans la bulle
de cette investiture la réserve que nous avons faite des droits
du roi; mais comme nous n'avons pu espérer une seule voix en
notre faveur sur ce sujet, nous avons cru qu'il aurait été très-
périlleux d'en faire seulement la proposition, parce que nous
aurions détruit, par les moindres apparences que nous aurions
données de le désirer, le principal effet que nous prétendons
tirer de notre conduite, qui est de faire voir qu'en cas de la
mort du roi d'Espagne, l'investiture touche directement, selon

les bulles, la personne de la reine ; car les Espagnols n'auraient
pas manqué de dire que, puisque nous étions persuadés qu'il
aurait été nécessaire, pour la conservation des droits de Sa
Majesté, d'insérer cette réserve dans l'investiture, ces mêmes
droits auraient encore beaucoup perdu de leur force, par le refus
que le pape et le collége auraient certainement fait de l'y
insérer. M. de Bourlemont m'a dit qu'il vous mandait les ou-
vertures qui nous sont venues dans l'esprit, pour conserver la
mémoire de ce que nous avons dit dans le consistoire, et pour
suppléer à ce que nous n'avons pas cru devoir hasarder de
demander touchant l'enregistrement.

« On croit que mercredi ou jeudi, le pape fera la cérémonie
publique de l'investiture dans laquelle tous les cardinaux signe-
ront la bulle. Vous jugez bien que les mêmes raisons qui nous
ont obligés à y donner notre voix nous obligent à la signer
comme les autres, et que le pape ni le collége ne souffriraient
pas que nous insérions une réserve au bas de notre signature,
puisqu'ils sont en droit de nous faire souscrire purement et
simplement à ce qui a passé à la pluralité des voix. Il y aurait
d'ailleurs à ne le pas souscrire l'inconvénient que je vous ai
marqué ci-dessus, qui serait celui de faire dire que nous
sommes persuadés que l'investiture ne nous est pas favorable.
M. de Bourlemont fait état de prendre à l'égard de cette signature les mêmes précautions auxquelles il a pensé pour l'avis
que nous avons porté au consistoire. Nous avons cherché lui
et moi à nous éclairer par la souscription des cardinaux aux
autres investitures, de la manière dont ceux de la faction s'y
étaient conduits ; mais comme la France n'a point ici d'archives, et que les papes en cachent avec soin, par différents
intérêts, les originaux, nous n'en avons pu tirer aucune lumière
qu'une seule marque qu'un cardinal du titre de Saint-Anastase,
évêque de Nantes, a signé à la bulle par laquelle Jules II investit
Ferdinand le Catholique. Ce que je ne puis pourtant concevoir,
vu le temps et les circonstances de cette investiture.

« Enfin voilà toute la connaissance que nous avons pu avoir
du fait. Comme, à vous dire le vrai, je m'attendais qu'il y aurait

des gens qui trouveraient étrange que nous eussions parlé des droits du roi dans une occasion où l'on ne voit point que les Français en aient fait mention en des circonstances pareilles, je m'étais préparé, au sortir de la congrégation consistoriale, à répondre aux indifférents d'une manière qui les eût laissés en doute que nous eussions trouvé des exemples dans nos registres, et aux plus intelligents d'une façon qui, en les laissant dans le même doute, autant qu'il m'eût été possible, les aurait obligés d'avouer au pis aller que la circonstance de l'âge du roi d'Espagne et celle du mariage de la reine nous pouvaient bien permettre quelque nouveauté. Mais je n'ai point eu ces embarras, tout le monde généralement ayant approuvé ce qui s'est fait, et l'ayant même reçu comme une chose due et ordinaire. Il n'est pas croyable combien il est important, en ce pays, de saisir d'abord l'imagination des hommes, et je suis persuadé que la date que l'on a prise pourra peut être un jour être fort dommageable aux Espagnols en cette cour... »

IV

(*Se rapporte à la page 53.*)

Lettre du cardinal de Retz à M. de Lionne :

« 3 octobre 1665·

« ...·. Je rouvre cette lettre pour vous dire que j'ai vu M. de Bourlemont, et qu'il m'a dit les ordres qu'il a reçus du roi touchant la reine de Suède et M. le cardinal Azzolini. Vous ne pouvez douter de la joie que j'en ai pour toutes les raisons que vous savez. Mais je vous puis dire avec vérité que j'en suis encore plus touché par la gloire qu'une conduite aussi belle, aussi haute et aussi grande que celle-là, donnera à Sa Majesté. »

Du même au même :

« 27 octobre.

« Monsieur, je ne me suis pas trompé en ce que je vous ai écrit, par l'extraordinaire du 24 de ce mois, touchant la reine de Suède, car je puis vous dire avec vérité que ce que le roi a fait en cette occasion a été reçu en cette cour avec un

applaudissement si général qu'il n'y a pas un des serviteurs de
Sa Majesté qui n'en ait une extrême joie, et que ceux qui ne
sont pas attachés à son service n'en ont pu même cacher tout
à fait leur chagrin. M. d'Alibert, qui vint hier de la part de la
reine me témoigner la joie qu'elle a de son accommodement
avec le roi, me dit que l'ambassadeur d'Espagne n'avait pu
s'empêcher d'en mêler quelques marques dans les compliments
qu'il lui en a faits. J'aurai ce soir l'honneur de la voir en cor-
tége, et si je sors de chez elle d'assez bonne heure, je vous
manderai dès aujourd'hui ce qu'elle m'aura dit; mais je crois
pouvoir assurer par avance qu'elle me témoignera une très-
grande reconnaissance pour le roi, parce que, outre ce qu'elle
en a fait voir à M. de Bourlemont, et ce qu'elle m'en a fait dire
par M. d'Alibert, je le vois bien par ce que je viens d'apprendre de la bouche de M. le cardinal Azzolini. Il l'expliquera
beaucoup mieux lui-même, par ce qu'il en écrit à Sa Majesté,
que je ne le pourrais faire; mais je ne saurais pourtant m'empêcher de vous assurer que, quoi qu'il en puisse dire, il ne lui
sera pas aisé d'exprimer tout ce qu'il a dans le cœur. Les sentiments de sa reconnaissance passent jusqu'aux serviteurs de Sa
Majesté; je vous assure, Monsieur, que vous n'y avez pas eu en
votre particulier peu de part.....

« Je sors de chez la reine de Suède, qui m'a témoigné toute
la reconnaissance imaginable de la manière dont il a plu au
roi de se conduire avec elle, et m'a dit qu'elle lui allait écrire
pour l'en remercier, mais qu'elle désespérait de pouvoir trouver
des termes qui pussent exprimer les sentiments de son cœur. Elle
m'a paru, en effet, sensiblement touchée du procédé du roi. »

V

(Se rapporte à la page 61.)

Lettre du cardinal de Retz à M. de Lionne :

« 16 février 1666.

« Il y eut hier consistoire où MM. Litta, archevêque de Milan,
Orsini, trésorier, Palluzzi, auditeur de la chambre, Nini, mag-

giordome, Conti, gouverneur de Rome, et Rasponi, furent faits cardinaux. Le Pape se réserva *in petto* les quatre autres places vacantes dont on a été ici assez surpris, parce que le délai que cette réserve apportera apparemment à la promotion qui se doit faire pour les couronnes ne s'accorde pas trop avec les instances que Sa Sainteté a fait faire par son nonce auprès de l'empereur pour la nomination de l'archevêque de Salzbourg. M. l'ambassadeur d'Espagne porta, il y a quelques jours, au palais celle du roi son maître, mais d'une manière qui paraît ici fort extraordinaire, car il dit au pape que cette nomination lui avait été envoyée d'Espagne cachetée, avec ordre de ne l'ouvrir que lorsque Sa Sainteté serait résolue de faire la promotion pour les couronnes. Il la pressa, à ce que l'on m'a assuré, de donner au plus tôt cette satisfaction au roi son maître, mais on ne dit pas qu'il ait témoigné pourtant aucun mécontentement de la réponse qu'il en a reçue assez clairement par la réserve *in petto*. Au moins est-il certain que je le vis hier après dîner chez madame la princesse Chigi, où il vint, comme tous les autres, selon la coutume, faire ses compliments de la promotion. »

Lettre du même au même :

« 23 février.

« Je vous écrivis dernièrement que j'avais trouvé M. l'ambassadeur d'Espagne chez madame la princesse Chigi. J'ai su depuis qu'il ne lui a fait dans cette visite aucun compliment sur la promotion, et qu'il a dit assez hautement qu'il ne la lui a rendue en cette rencontre que pour satisfaire à la coutume et à la bienséance publique ; qu'il a grand sujet de se plaindre du pape, qui lui avait donné parole le samedi qu'il ne ferait pas sitôt la promotion, et que le moins qu'il eût cru devoir attendre de la bonté de Sa Sainteté est qu'elle eût bien voulu lui donner quelque part d'un changement si prompt et si surprenant. Ses plaintes ont été publiques les deux premiers jours ; elles se sont ralenties ensuite, et elles ont recommencé, à ce que l'on m'a assuré, depuis vendredi. Je ne sais si vous ne trouverez point ces minuties que je vous écris bien superflues, mais vous savez qu'elles sont presque toujours mystérieuses en ce pays. »

VI

(Se rapporte à la page 69.)

Voici quelques extraits des lettres que Retz écrivit touchant l'impression produite à Rome par l'arrivée de M. le duc de Chaulnes et la façon dont on parlait de la maladie du pape, du futur conclave, etc.

Lettre du cardinal de Retz à M. de Lionne :

« 3 août 1666.

« Il y a eu ici une espèce de malentendu qui, par le succès, pourra être, comme je l'espère, de quelque utilité au service de Sa Majesté. Vous savez que, selon le cérémonial, les cardinaux ne doivent point visiter les ambassadrices que les ambassadeurs ne les aient visités eux-mêmes. Comme les nationaux et les factionnaires ne gardent pas ces mesures, la plupart des vieux qui prétendent au pontificat s'en sont aussi dispensés, depuis quelques années, pour faire leur cour aux couronnes, et à l'arrivée de don Pedro, il n'y eut que ceux que l'on appelle ici de l'Escadron qui demeurèrent dans la règle ordinaire jusques au point que M. le cardinal d'Arragon, s'en étant plaint à M. le cardinal Azzolini qu'il croyait devoir montrer l'exemple à l'égard de l'ambassadrice d'Espagne, parce qu'il avait le malheur en ce temps-là de n'être pas dans les bonnes grâces du roi [1], n'en eut pour réponse qu'une déclaration fort nette et fort expresse que lui et ceux de ses amis qui n'avaient aucun attachement particulier aux couronnes demeureraient sans balancer dans leur conduite accoutumée. Ce qui fut en effet si bien observé qu'à la réserve de ceux de ce nombre qui sont sujets du roi d'Espagne, il n'y en eut aucun qui visitât l'ambassadrice qu'après que l'ambassadeur eût rendu la visite à

[1] Voyez, page 53.

plus de la moitié du sacré collége ; et il y eut même quelques-
uns de ces sujets du roi d'Espagne qui ne voulurent point dé-
partir de cette formalité, eomme par exemple le cardinal
Homodeï, quoiqu'il soit Milanais. Ces messieurs ne sont pas
demeurés si fermes à l'égard de madame la duchesse de
Chaulnes ; car ils l'ont été voir aussitôt après que M. son
mari a rendu la visite au doyen du sacré collége. Mais comme
les factionnaires de France et d'Espagne, et tous les vieux,
avaient même prévenu cette visite, il est arrivé, ce qui ne
manque jamais de se glisser naturellement dans toutes les
occasions qui portent ou des intérêts ou des caprices différents, et je fus surpris, quand je m'aperçus tout d'un coup que
le bruit courait dans Rome, que M. l'ambassadeur de France
avait sujet de se plaindre de ce que les cardinaux de l'Escadron
n'avaient pas rendu à madame sa femme les mêmes civilités
que l'ambassadrice d'Espagne en avait reçues. Il ne faut en
cette cour qu'un murmure de cette nature pour donner corps
à toutes les chimères, que les spéculatifs les plus indifférents se
veulent former par fantaisie, ou que quelques autres qui
s'avisent de s'y intéresser affectent quelquefois de faire
paraître pour différentes fins, et M. l'ambassadeur crut qu'il
était du service de Sa Majesté d'éclaircir d'abord ces petits
nuages qui, n'ayant aucun fondement dans la vérité, n'eussent
pas laissé peut-être avec le temps de produire, par les différents rapports qui se font toujours de part et d'autre en ces
conjonctures, des indispositions imperceptibles contre l'intention même des intéressés.

« Vous ne sauriez vous imaginer à quel point la réputation
de M. l'ambassadeur s'est établie, ou plutôt confirmée par sa
conduite tout égale et tout élevée, et par la supériorité qu'il
a témoignée en cette occasion à ces bruits populaires ; et je
vous avoue que j'ai eu aussi beaucoup de joie de voir que de
l'autre côté on recevait ces mêmes bruits si raisonnablement
et si honnêtement que j'ai cru avoir lieu de me pouvoir servir
de ce petit éclaircissement que je ménageais sans éclat entre
les uns et les autres, pour avancer avec moins de mesures que je

m'en aurais peut-être gardées, sans cette occasion, la bonne intelligence que j'ai toujours souhaité de laisser établie, en partant de Rome, entre M. l'ambassadeur et les cardinaux que l'on appelle ici de l'Escadron..... »

Lettre du même au même :

« 10 août 1666.

«... Je ne crois pas que l'on soit si fort éveillé sur la maladie du pape cette année que l'on avait fait la dernière, et il a même paru visiblement que les prétendants se sont tenus fort couverts moins par intérêt, à mon opinion, que par l'incertitude où la situation des choses laisse tous les esprits de cette cour. Personne n'a été pénétré, au moins autant que je l'ai pu juger, que celui qui par toutes sortes de raisons se devait tenir plus caché que tous les autres, à savoir M. le cardinal Sforza qui a paru assez à découvert aller à M. le cardinal Ginetti. Il y aurait lieu de soupçonner par cette manière d'agir qu'il aurait affecté de lui nuire, pour se conformer au génie d'Espagne qui, en plusieurs rencontres, n'a point témoigné inclination pour ce cardinal. Mais je sais, sans en pouvoir douter, qu'il lui rend des offices très-solides et très-effectifs en ce pays-là..... Voilà, au moins à ce qui m'a paru, tout ce que la maladie du pape a produit jusques ici. Ce n'est pas que les spéculatifs de Rome n'aient fait huit ou dix papes et n'aient partagé par avance le conclave en cinq ou six factions. Mais il s'est trouvé par malheur pour leur politique que les cardinaux n'ont pas été de leur avis et qu'ils se sont tenus plus couverts qu'il n'aurait été à propos pour les nouvellants... »

Lettre du même au même :

« 24 août.

«... Je vous écrivis mardi passé [1] que dans le temps de la maladie du pape, tous les cardinaux, à l'exception de Sforza, se sont tenus fort couverts à l'égard des pensées qu'ils peuvent avoir pour le successeur, et je vous [le] confirme encore,

---

[1] Retz se trompe ; c'était dix ou douze jours auparavant.

quelques bruits que le peuple et même le palais aient voulu
jeter dans le monde du contraire. Je sais de bon lieu que les
parents du pape ont été étonnés au dernier point de cette
conduite qui est à la vérité peu ordinaire, mais qui ne doit
pourtant pas surprendre ceux qui connaissent l'état de cette
cour, et qui voient qu'il eût été difficile de s'ouvrir sur une
matière sur laquelle cinq factions différentes que l'on prévoit
devoir être dans le conclave, et desquelles il y en a même quel-
ques-unes qui assurément se subdiviseront, font qu'il est comme
impossible que les cardinaux s'ouvrent à eux-mêmes, dans le
plus intérieur de leur cœur, par la difficulté qu'ils trouvent à
discerner par avance ce qui sera possible. MM. les cardinaux
Sforza et Raggi, qui sont les deux seuls factionnaires d'Espagne
déclarés, au moins de ceux qui sont présentement en cette
cour, sont brouillés au dernier point, et quoiqu'ils gardent encore les apparences, je sais que celui-ci écrit à Madrid fort
aigrement contre l'autre; j'en ai dit à M. l'ambassadeur le
détail qu'il serait inutile de répéter ici. »

VII

(Se rapporte à la page 80.)

Lettre du cardinal de Retz à M. de Lionne :

« Aix, ce 12 avril 1667.

« Monsieur, je crois que M. le cardinal Grimaldi vous mande
ce que M. l'ambassadeur leur écrit (à Grimaldi et au cardinal de
Vendôme), du 22 de mars, touchant la santé du pape. Il la croit
sans ressource, et marque que M. le cardinal d'Est marche vers
Rome à petites journées, et il semble même en quelque manière
qu'il ne serait pas éloigné du sentiment que nous en usassions
de même de notre côté; comme son intention toutefois ne nous
a pas paru tout à fait clairement, parce qu'il nous assure, par
la même lettre, qu'il nous viendra ponctuellement avertir des
accidents de la maladie de Sa Sainteté, et qu'ainsi il semble
qu'il nous remette à ses avis, MM. les cardinaux Grimaldi et de

Vendôme ont cru qu'il serait plus à propos de les attendre, et je suis entré dans leur sentiment avec d'autant plus de facilité que nous avons fait réflexion les uns et les autres que les lettres écrites de Rome du 22 de mars devant être arrivées à la cour presque au même jour que l'on les a reçues ici, le courrier que M. le cardinal de Vendôme a dépêché au roi pour la prise de Bonnet peut nous apporter les volontés et les ordres de Sa Majesté, avec une diligence qui lève tous les inconvénients du délai. M. le cardinal de Vendôme fait état de faire demain ou après-demain un tour à Marseille pour les affaires de la province. Je prends ce temps pour aller passer quelques jours à Salon avec M. l'archevêque d'Arles. »

Lettre du même au même :

« Aix, 19 avril.

« Monsieur, il n'y a qu'une heure que je vous ai écrit que MM. les cardinaux Grimaldi et Vendôme et moi avions aujourd'hui pris résolution de partir au premier jour, sur ce que nous avions su par les lettres de M. l'ambassadeur, du 29 de mars, que sa pensée était que nous nous missions en chemin sans attendre les nouvelles de la mort du pape. Vous verrez, par la dépêche de M. le cardinal de Vendôme, que nous les avons assez fraîches pour avoir lieu de croire que nous arriverons d'assez bonne heure au conclave. Comme il vous mande tout le détail de ce qu'il en a appris, que je n'ai su moi-même que de lui, je me contenterai ici de vous assurer que nous ferons toute diligence imaginable, et que je suis de tout mon cœur, etc. »

VIII

(Se rapporte à la page 130.)

Bref du pape Clément X au roi :

« ..... Carissime in Christo, fili mi, salutem et apostolicam benedictionem. Ex dilecti filii mei Sᵉ Rᵐ Cᵉ cardinalis Spadæ nuntii qui mei et apostolicæ sedis nuntii munere apud Majestatem tuam fungitur insinuatione accepimus dilectum etiam filium nostrum Joannem Franciscum Paulum Gondum ejusdem S^æ R^æ C^æ probum cardinalem de Retz nuntiaturum de secedendo in monasterium S. Michaelis in Lotheringia, seque ibi monasticæ vitæ addicendo, ac proinde dimittenda una cum monasteriis, seu aliis beneficiis ecclesiasticis sibi auctoritate apostolica commendatis, cardinalitia qua fulget dignitate cogitare. Et quamvis (quæ viri virtus est) cum quietis contemplationisque studio, non autem ullo segniori fine ad illam cogitationem descendisse onmino nobis persuadeamus, non possumus tamen ejus consilium ullo modo probare, eum viri tot meritorum fulgore conspicui opera hoc tempore carere sine gravissimo apostolicæ sedis detrimento nequeamus. Quamobrem ei significavimus, nos ad ejus desiderio obsecundandum adduci minime posse, eique mandavimus, ut in ea statione, in qua eum locavit Altissimus permanere studeat. Hæc autem Majestati tuæ indicanda esse censuimus, ut ipsa quoque illum ab inconsulta hujus modi cogitatione abducere dedignetur, et apostolicam benedictionem item majestati tuæ pleno cordis affectu impertimur. Datum Romæ apud Sanctam Mariam Majorem sub annulo piscatoris, die XXII junii MDCLXXV. Pontūs nostri anno sexto. »

IX

(Se rapporte à la page 135.)

Lettre du sacré collége au cardinal de Rais :

« 9 septembre 1675.

«.....Novum Dnis V^æ R^æ E^æ de exuenda sacra purpura, et cardinalis titulo deponendo consilium, non sine animorum nostrorum perturbatione ex litteris Dnis V^æ R^æ E^æ intelleximus. Non enim amplissimus ordo noster ejusmodi est, ut impedimento esse possit, quominus in innocentia cordis immaculatas vias Domini perambulare valeamus. Tot namque, tantique viri, quorum nomina sunt in libro vitæ, sacra hac purpura induti, nostræ dignitati diligentissime consulentes, non solum laudes hominum sibi comparaverunt, verum etiam æternæ felicitatis præmia, et quæ perseverantibus datur post emensum hujus vitæ curriculum immortalitatis coronam sunt consecuti. Cum vero Dñas Vᵃ Rᵃ perpetuum se præbuerit bonorum operum exemplar, et quasi candelabrum super montium vertice universo orbi præluxerit, insignem sacro nostro senatui notam inustum iri putaremus, si Dñas Vᵃ Rᵃ privati otii causa, lucernam ponens sub modio, cardinalis habitum nunc abjiceret; ea namque est ingenii sui præstantia, is rerum usus, ea humanarum divinarumque scientia, ut si extranea esset fratribus suis, potius in sacrum collegium nostrum cooptanda, quam discedendi facultas impertienda videatur. Itaque cum sanctissimi D. Domini nostri mentem exploraverimus, quam Vᵃ Rᵃ Eᵃ apertam esse pro certo habeamus, minime dubitavimus quin totis viribus nobis enitendum esset, ut Dᵉᵐ Vᵃ Rᵃ a proposito removeribus. Ipsa ¦enim quam adhuc non dereliquit virtus sua meliori adhibita in consilium ratione, facile intelliget hanc sacram purpuram, quæ humeris suis leve onus hactenus fuit, in posterum sibi novissimum diem cogitanti oneri esse non posse, pretioso namque sanguine quasi agni immaculati Christi aperta, adjutorium nostrum erit in nomine ejus, ut emendemus conscientiam ab operibus nostris ad serviendum Deo viventi. Cum vero Dñi Vᵃ Rᵃ Eᵃ non dederit Deus spiritum timoris, ad universæ ecclesiæ communem utilitatem luceat lux vestra, non in loco horroris et vastæ solitudinis, sed coram hominibus, ut videant opera vestra bona, quod profecto Dñi Vᵃ Rᵃ Eᵃ præclarum magis erit quam difficile. Non est enim positum in labore aliquo, sed in quadam inductione animi atque voluntate. Retineat igitur Dñas Vᵃ Rᵃ hujus vitæ nostræ rationem et potius in latitudine cordis sui ædificet sibi solitudines, ut inde ipsius virtus alacrior atque expeditior prodeat in medium, ad majus sacri nostri collegii decus atque ornamentum, sicque charitate Christi urgente, facilius exemplo suo persuadere poterit aliis, ut jam non sibi vivant, sed ei qui pro ipsis mortuus est. Liberius fortasse, hæc ad Dᵉᵐ Vᵃ Rᵃ scribimus, verum non eo animo, ut ipsam confrindamus, unum namque corpus sumus in Christo, sed ut fratrem nostrum carissimum moneamus, videtur enim trepidasse timore, ubi non erat timor. Interim vero cum Dñi Vᵃᵉ Rᵃᵉ Eᵃᵉ cuncta prospera a Deo evenire cupimus, illud ab ipsa enixe petimus, animum tuum instituat ut sanctitati suæ obtemperando id demum præstet, ut quomodo in vita sua Dᵉᵐ Vᵃᵉ Rᵃ dileximus, ita et in morte non simus separati. Datum Romæ sub sigillis Trium in ordine priorum, hac die 9 septembris anno MDCLXXV sede plena. »

X

(Se rapporte à la page 171.)

Billet de MM. les cardinaux à M. l'ambassadeur :

« 17 septembre 1675.

« Nous avons reçu la lettre que Votre Excellence nous a fait l'honneur de nous écrire d'aujourd'hui, et sur laquelle nous n'avons autre chose à lui dire, si ce n'est que de la manière dont l'affaire d'Odescalchi a commencé et qu'elle a continué jusques à cette heure, on ne saurait rien faire en portant un autre sujet, quelque tour qu'on y donnât, que ce ne fût une exclusion d'Odescalchi et qu'on ne la crût telle universellement. Cette vérité étant posée pour certaine et pour claire, comme elle nous paraît encore plus particulièrement par ce que nous voyons dans le conclave, et Votre Excellence nous disant que l'Instruction du roi n'est pas qu'on lui donne l'exclusion, nous sommes persuadés qu'il n'y a pas d'autre parti à prendre que de consentir à son exaltation, pour laquelle toutes les factions paraissent toujours engagées, quoiqu'il y ait toujours beaucoup de particuliers qui ne la désirent pas.....

« Si Votre Excellence approuve nos sentiments, nous croyons qu'il n'y a pas un moment à perdre pour les exécuter et pour rendre le consentement plus glorieux et plus éclatant. Nous estimons que Votre Excellence ayant à rendre la réponse du

roi au sacré collége, vous pourriez lui demander audience
le plus tôt qu'il sera possible, afin que tout le monde connût
qu'aussitôt après votre audience on aurait consommé l'élection
d'Odescalchi. Pour ce qui est de Cibo, nous avons beaucoup de
sujets de croire qu'il aura une place principale dans le palais;
c'est tout ce qu'on peut dire sur ce sujet, sur lequel M. le cardinal d'Estrées aura sans doute plus de connaissance que nous.
M. le cardinal Rospigliosi, qui est toujours porté pour l'affaire
d'Odescalchi, a parlé à MM. les cardinaux de Bouillon et d'Estrées d'une manière si avantageuse qu'il leur a proposé d'en
écrire lui-même, comme de la chose la plus glorieuse qui
pourrait se passer pour Sa Majesté dans le conclave. Il prétend
que le cardinal Chigi en écrira, et il ajoute que l'honneur et
l'avantage de ses serviteurs s'y rencontrent aussi, et qu'ils le
reconnaissent comme une nouvelle marque de la protection de
Sa Majesté. Vous en verrez toutes les raisons dans leurs lettres.
Comme il s'est offert de chercher tous les moyens de rendre la
conclusion de cette affaire plus éclatante pour Sa Majesté,
M. le cardinal de Bouillon va le trouver pour savoir de lui
quelles peuvent être ses vues et ses pensées. Nous attendons au
plus tôt votre dernière résolution. Le cardinal de Rais, le cardinal de Bouillon, le cardinal d'Estrées, le cardinal de Bonzi. »

Vu et lu,
à Paris, en Sorbonne,
par le doyen de la Faculté des lettres de Paris,
12 janvier 1878)
H. WALLON.

Vu et permis d'imprimer :
Le vice-recteur de l'Académie de Paris,

A. MOURIER.

TABLE DES MATIÈRES

DEUXIÈME PARTIE

LE CARDINAL DE RETZ ET LES CONCLAVES

FIN DE LA TABLE.

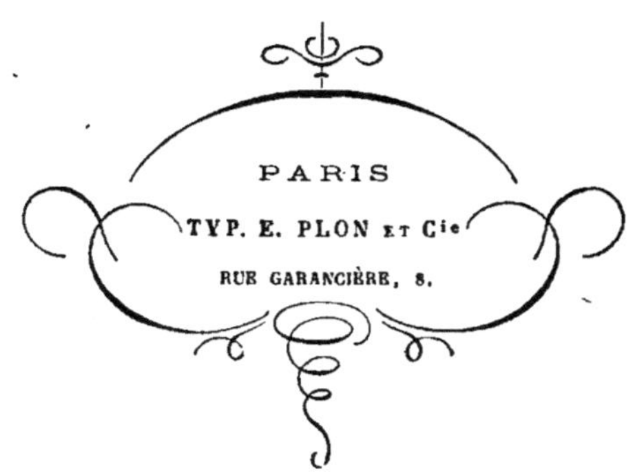
PARIS
TYP. E. PLON et Cie
RUE GARANCIÈRE, 8.

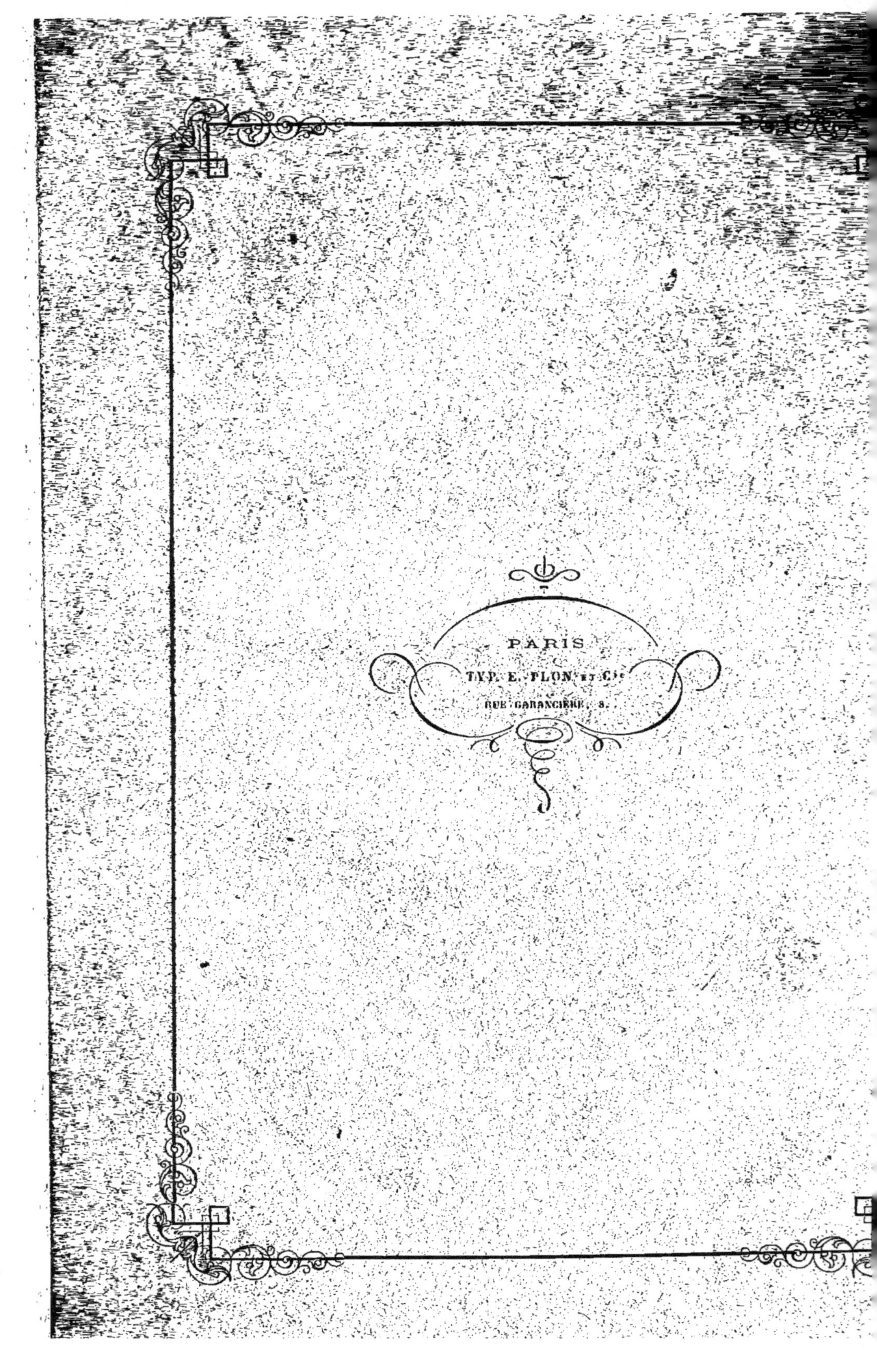

PARIS

TYP. E. PLON ET Cⁱᵉ

RUE GARANCIÈRE, 8.